KAMMEIER

COLLECTION ROLF HEYNE

HYATT

Hugos
Restaurant

Schon wieder ein Kochbuch, werden Sie vielleicht denken, wenn Sie dieses Buch sehen. Sie haben recht, es ist ein Kochbuch in seinem ursprünglichsten Sinne – das Buch eines Koches und ein Buch über das Kochen. Mit meinen Rezepten versuche ich, meine Ideen vom Kochen und meine Vorstellungen von geschmacklicher Harmonie und geschmacklicher Spannung zusammenzuführen und in einem Gericht zu vereinen.
Immer wieder ist die Kritik zu hören, die Rezepte aus Kochbüchern könne man nicht nachkochen: Die Anleitungen seien schwer verständlich, die teils exotischen Zutaten und Produkte nur in ausgewählten Fachgeschäften erhältlich und die Zubereitung selbst für den ambitionierten Laien kaum zu bewältigen. Doch das ist nur die halbe Wahrheit. Kochen ist keine Zauberei und verlangt auch keine außergewöhnliche Kunstfertigkeit – ansonsten wäre das Kochen ja eine alltagsuntaugliche Tätigkeit. Doch das Gegenteil ist der Fall. Kochen ist eigentlich etwas wunderbar Profanes, etwas Alltägliches im besten Sinne des Wortes. Kochen hat in unserem Leben eine permanente, weil unverzichtbare Präsenz, denn es steht vor dem Essen. Kochen und Essen sind Tätigkeiten, die einander in dieser Reihenfolge bedingen, die als Einheit nicht nur der Lebenserhaltung dienen, sondern auch etwas über die Kultur und die

Lebensgewohnheiten einer Gesellschaft ausdrücken. So gesehen sind Kochbücher kulturelle Gedächtnisstützen. Sie sind unverzichtbare Nachschlagewerke für alle, die im Kochen weniger einen längst überstrapazierten philosophischen Ansatz sehen, sondern Kochen als Handwerk begreifen, das je nach Wissensstand und Übung mehrere Facetten hat. Wenn überhaupt, kann die Kochphilosophie nur lauten: Was gut ist, bestimmen Qualität des Produktes und Qualität der Zubereitung – die Zusammenführung liegt in den Händen des Kochs. Die Kunst des Kochens besteht im richtigen und gekonnten, sicher auch entspannten Beherrschen des Handwerks – eine nicht unproblematische Gratwanderung zwischen Höhenflug und Bodenhaftung. Hierbei können und sollen Kochbücher eine verlässliche Hilfestellung leisten, müssen den Leser zum Kochen animieren und über die Rezepte inspirieren, Neues auszuprobieren, ein wenig zu experimentieren um sich damit neue Geschmackswelten und Geschmackseindrücke zu eröffnen. Mein Kochbuch soll dafür als Schlüssel dienen, lesen Sie die Rezepte als Ideensammlung und verstehen Sie die Gerichte als Anregung für die Lust am Kochen, deren Ziel der gute Geschmack ist.

»Der Mensch ist, was er isst«, wer kennt nicht diesen Satz, der eigentlich heißen müsste: »Der Mensch ist und isst, was er kocht.« Leider kochen heute immer

weniger Menschen, das riesige Angebot an Fertiggerichten und die allgegenwärtige Präsenz von Fast Food haben die Ess- und damit natürlich auch die Kochgewohnheiten nachhaltig verändert. Das handwerkliche Kochen – nicht zu verwechseln mit dem bloßen Erwärmen von Speisen – gerät in weiten Teilen der Gesellschaft langsam, aber sicher in Vergessenheit: Der vermeintliche Zeitmangel der Menschen geht vor allem auf Kosten des Kochens am eigenen Herd. Es wird nicht nur am Produkt gespart, sondern auch an der Zeit, dieses zuzubereiten. Doch darin liegt auch eine große Herausforderung für uns Köche. Wir sind diejenigen, die den handwerklichen Bezug zwischen Kochen und Essen aufrechterhalten. Gerade in Großstädten wie Berlin, in denen das mobile Essen an jeder Straßenecke zu bekommen ist und banale Fertiggerichte rund um die Uhr zur Verfügung stehen, ist es an uns, eine Esskultur zu bewahren, die auch dem Kochen ausreichend Zeit und Muße einräumt, Produktvielfalt und Frische garantiert, Qualität als oberstes Gebot versteht und Gastlichkeit lebt. Mit diesem breiten Angebot animieren wir die individuellen Sinneseindrücke, Essen wieder als Geschmackserlebnis zu empfinden.
Vielleicht bietet ein Hotel-Restaurant, oder sagen wir besser ein Restaurant in einem Hotel, dafür die besten Voraussetzungen und den richtigen Rahmen.

Denn hier findet der Gast einen Mikrokosmos, der allein auf seine Bedürfnisse zugeschnitten ist, eine Welt, die ausschließlich und umfassend sein Wohl zum Ziel hat, ganz nach Ansprüchen und individuellen Vorstellungen und Wünschen. Ich bin froh und glücklich, als Koch im InterConti Berlin meine Restaurantheimat gefunden zu haben, in einem Haus, das zur Berliner Nachkriegsgeschichte gehört wie kein anderes Hotel und das sich trotz seiner Größe einen sehr individuellen Charme und eigenständigen Charakter bewahrt hat.

Mein Weg nach Berlin war nicht vorgezeichnet, eher von Zufällen und glücklichen Begegnungen begleitet und es wäre mir nicht im Traum eingefallen, dass ich eines Tages hoch über den Dächern der Hauptstadt meine Kochideen verwirklichen kann. Dass ich überhaupt Koch geworden bin, war zunächst nicht geplant. Aber in mir schlummerte seit Kindesbeinen die Liebe zum Kochen: Darin entdeckte ich die Chance, unterschiedlichste Produkte zu etwas Neuem zusammenzufügen, innerhalb dieser Komposition zu überraschen oder zu enttäuschen, in jedem Fall aber meine eigenen Ideen einzubringen, ohne das Rad neu erfinden zu müssen. Kochen hat etwas von Musik komponieren, vom Ausprobieren, Jonglieren mit Noten, die vorgegeben sind, die man neu zusammenfügen muss, um eine Melodie entstehen zu

lassen. Manchmal ist diese beim ersten Hören schon eingängig, manchmal erst beim zweiten Hinhören und manchmal auch nie. Dann stimmt die Harmonie nicht, irgendwo stecken Noten, die nicht zusammenpassen und vielleicht nur neu geordnet und in die richtige Reihenfolge gesetzt werden müssen.
Dazu war Kochen für mich als Kind spannend und hatte etwas Geheimnisvolles. Die dampfenden Töpfe und Pfannen auf dem Herd meiner Mutter faszinierten mich, das rhythmische blecherne Klappern der Deckel, die bei jedem noch so kleinen Lüften den Duft von gebratenem Fleisch und Gewürzen in die Küche entweichen ließen, erschien mir wie die Musik aus einer Zauberwelt. Nach Rezepten aus Kochbüchern kochte meine Mutter nicht, alles floss ihr in einer scheinbaren Leichtigkeit aus der Hand und ich ahnte schon damals, dass Kochen viel mit Gefühl zu tun haben muss, sogar eine gewisse Sorglosigkeit zulässt, wenn das sichere Gespür für Harmonie vorhanden ist. Kochen ist wie ein Blindflug an ein vorgegebenes Ziel – es verlangt hohe Konzentration, Präzision, genaues Timing, aber auch Intuition. Die Kochkünste meiner Mutter und deren Umgang mit bodenständigen unverfälschten Produkten haben mich sicherlich geprägt und haben gleichzeitig mein Interesse an gutem Essen geweckt. Fragt man Köche nach ihrem Schlüsselerlebnis, das sie beruflich an

EMIL JANNINGS
"The Blue Angel"
WITH
MARLENE DIETRICH
JOSEF VON STERNBERG
An ERICH POMMER Production
a Paramount Release
MARLENE
VON WEISSENSEE
NACH HOLLYWOOD
STADTGESCHICHTLICHES
MUSEUM WEISSENSEE

den Herd gebracht hat, so ist es weniger der Vater als ambitionierter Hobbykoch, der einmal im Jahr mit großer Geste und Aufwand ein Festmahl auf den Tisch brachte, sondern meist die alltägliche Küche der Mutter, die in einer entspannten Unaufgeregtheit und verlässlichen Selbstverständlichkeit die Zubereitung des Essens meisterte. Eine Portion Leidenschaft gehört sicherlich dazu, will man das Kochhandwerk zum Beruf machen, sogar eine ordentliche Portion. Ohne Passion zum Kochen geht es nicht.

Als nach der Schule die Berufsentscheidung anstand, schlummerte zwar die Liebe zur Kocherei immer noch in mir, aber dieses Gefühl war noch nicht stark genug, ich habe den »Drang zum Herd« nicht intensiv genug gespürt und mich deswegen zunächst für das Bäckerhandwerk entschieden. Im August 1983 begann ich in der »Bäckerei und Konditorei Hennewig« in Schermbeck meine Lehre. Backen von der Pike auf: die Erkenntnis, aus einfachen Bestandteilen durch der Hände Arbeit ein Lebensmittel herzustellen, an dessen Verfügbarkeit oder Mangel jahrhundertelang das Schicksal von Kulturen und Gesellschaften geknüpft war, lehrte mich auch den Respekt vor einfachen, aber nicht minder essenziellen Lebensmitteln. Ich kann nur hoffen, dass die handwerkliche Produktion nicht unter dem Druck der seelenlosen Backfabriken untergeht.

Im Sommer 1988 siegte die alte Leidenschaft und ich tauschte Backstube gegen Küche. Meine Ausbildung zum Koch begann im »Landhaus Scherrer« in Recklinghausen, eine wichtige Station in meinem Berufsleben, denn Ernst Scherrer weckte in mir nicht nur das Interesse an der Gourmetküche, sondern vermittelte mich nach Worms in die »Rotisserie Dubs« von Wolfgang Dubs, den ich gerne als meinen kulinarischen Lehrmeister bezeichne. Unter Dubs' Küchenregie spürte ich sehr schnell, dass der Kochberuf sehr individuelle Aufstiegsmöglichkeiten bietet, wenn man mit einer gesunden Portion Ehrgeiz an die Sache rangeht, über den Tellerrand hinausschaut und offen ist für Anregungen aus unterschiedlichen Sparten: seien es Gewürze, Produkte, Garzeiten, aber auch Weine, die als Speisenbegleiter in der Gastronomie immer wichtiger wurden und den Sommelier im Restaurant fast unabdingbar machten. Dubs gab mir das Gefühl für Produkte und ihre Möglichkeiten und zeigte mir den Weg, dass Kochen nicht nur stur am Herd stattfindet, sondern vor allem im Kopf Raum für neue Ideen und Kreationen braucht. Nachdenken kommt vor dem Kochen, die Suche nach Gerichten, die immer auch eine Suche nach Produkten ist, macht das Leben eines Koches zur ewigen Wanderung. Ziel ist natürlich Qualität und damit wandert der Koch auf seiner Suche auch

Gigaset M1
professional

INTER·CONTINENTAL

durch die tiefen Täler einer Überflussgesellschaft, die alles zu allen Zeiten und an allen Orten zur Verfügung haben möchte und damit oft genug die Qualität dem Angebot opfert. Eine Bereicherung ist diese Omnipräsenz nicht immer, denn nicht nur die saisonale Exklusivität und damit die Abwechslung auf dem Speiseplan geht verloren, auch werden Produkte durch das permanente Angebot banalisiert und verkommen in einer Geringschätzung, die sie eigentlich nicht verdient haben. Manchmal liegt in einem dosierten Verzicht der Luxus, dagegen das wirklich Profane in einer Produktgleichförmigkeit, die sich zum internationalen Standard erhebt und damit zu Lasten der Authentizität geht, die es beim Kochen eigentlich zu bewahren gilt. Die Einteilung in Edelprodukte und einfache Produkte kann ausschließlich über das Maß der Qualität gehen, weniger über das Produkt an sich. Hier ist der Koch gefordert, Akzente zu setzen und ich bin mir sicher, dass darin die eigentliche Herausforderung der Zukunft liegt.

Bei Dubs lernte ich vor allem saisonale Produkte schätzen, wurden regionale Besonderheiten in den Gerichten berücksichtigt und in diesem Zusammenspiel eine Küche angeboten, die in ihren Wurzeln bodenständig, in der Spitze verfeinert und facettenreich war. Von einem kulinarischen Erziehungsauf-

trag des Kochs zu sprechen, ist vielleicht etwas zu hoch gegriffen. Aber in meiner Wormser Lehrzeit wurde mir schnell bewusst, dass wir am Herd Verantwortung im Umgang mit Ressourcen tragen, auch wenn Köche den wirtschaftlichen Zwängen eines Restaurants unterliegen. Qualität war dabei das oberste Gebot. Sie hat zwar ihren Preis, doch der ist letztlich der Garant dafür, dass nicht alles zur minderwertigen Massenware verkommt und etwas von jener Ursprünglichkeit übrig bleibt, aus der die Küche weitgehend unverfälschte Qualität schöpfen kann. Es gibt für viele Produkte Schonzeiten, die sollten allein im Interesse des Gastes eingehalten werden, damit das Angebot der Natur nicht überstrapaziert wird und die natürlichen Ressourcen die Chance behalten, sich in ihrer saisonalen und regionalen Einschränkung zu regenerieren und nicht durch Überflussproduktion zu degenerieren.
Von Worms zog es mich im Februar 1993 in den Norden. Zwei Jahre lang kochte ich im »Landhaus Scherrer« in Hamburg. Es war eine schöne und spannende Zeit, denn die Stadt, die zwischen hanseatischer Weltläufigkeit und einer entspannten Regionalität in den einzelnen Stadtteilen pendelt, faszinierte mich vom ersten Augenblick an. Hamburg hat einen besonderen Reiz, der nur schwer mit anderen deutschen Großstädten zu vergleichen ist. Die

Stadt erschien mir in den beiden Jahren wie ein guter Freund auf Distanz, der eine herzliche Umarmung verweigert, um ein kleines Stückchen Sehnsucht nach dieser Liebe aufrechtzuerhalten. Ich genoss diese Hamburger Stimmung. Ebenso liebe ich als Mensch vom Land das Wasser und fand hier ein herrliches Refugium zwischen Fluss und Meer, das dieses herrliche Wassergefühl bis in das Stadtzentrum trägt. Hamburg habe ich Anfang 1995 mit einem weinenden und einem lachenden Auge verlassen und wechselte für ein Jahr ins »Hummerstübchen« nach Düsseldorf. Kontrastprogramm pur, nach hanseatischer Lebensart, die mehr Lebenslust beinhaltet, als viele hinter der zurückhaltenden Fassade vermuten, erlebte ich nun rheinische Fröhlichkeit in allen Facetten.

Und dann kam Berlin. Die Stadt, die sich quasi aus sich selbst heraus erneuerte, wo Tradition und Moderne in einem einzigartigen Kraftakt miteinander vereint wurden und aus einer geteilten Stadt eine europäische Metropole mit Ambitionen zur Weltstadt machten. Berlin war und ist spannend, hier ist Aufbruch, Neugestaltung, aber auch Bewahren nicht nur sichtbar, sondern spürbar. Das neue Gesicht Berlins haben sicherlich auch Hotels und Restaurants geprägt, die der Erneuerung der Stadt und ihrer Identitätssuche eine zusätzliche Attraktivität gaben, das

Angebot vervielfältigten und Berlin um die bunten Facetten einer traditionellen und modern-jungen Restaurant- und Hotelkultur bereicherten. Jeder findet hier das, was er sucht und wo er sich wohlfühlen kann.
Mir ging es genauso. Ich wollte diese neue Berliner Luft schnuppern, meinen Weg in dieser pulsierenden Stadt und den Platz finden, an dem ich meine Ideen und Vorstellungen verwirklichen konnte, einen Ort, der mir genügend Freiheit, gleichzeitig aber auch das Gefühl gab, dass meine Mitstreiter diese Freiheit akzeptieren, mittragen und vor allem mitleben. Hohe Ansprüche eines jungen Kochs, aber der Mensch wächst an seinen Aufgaben und ich wusste, dass es in Deutschland keinen anderen Ort gab, der so offen für neue Ideen, Kreativität, aber auch Experimente und Neuausrichtungen war wie Berlin. Anfang 1996 bewarb ich mich als Souschef im damaligen Gourmetrestaurant »Zum Hugenotten« im InterConti Berlin und konnte im Februar meinen Posten antreten. Das Restaurant war ein klassisches Hotelrestaurant, gediegen, etwas in die Jahre gekommen – aber eine der besten Adressen der Stadt. Es war das kulinarische Flaggschiff eines Hotels, das in den Aufbruchjahren der jungen Republik entstanden war und in dem Berliner Geschichte geschrieben wurde. Als im Juni 1963 der US-Präsident John F. Kennedy der ju-

INTERCONTINEN
BERLIN
INTERCONTINE
HOTELS & RESORT

belnden Menge seine berühmten Worte »Ich bin ein Berliner« zurief, da wohnten viele der amerikanischen Gäste im InterConti Berlin, das damals noch Berlin Hilton hieß. Fünf Jahre zuvor hatte sich bereits ein anderer prominenter Amerikaner, Conrad Hilton, mit dem Neubau eines modernen Grandhotels zu Berlin bekannt. Zur Eröffnungsfeier 1958 reiste der Hotelkönig persönlich aus New York in die in Besatzungszonen aufgeteilte Stadt, um das zu dieser Zeit modernste Hotel Europas zu eröffnen. Aus der Hand des Regierenden Bürgermeisters Willy Brandt erhielt Conrad Hilton den symbolischen Hotelschlüssel, »Ich baue nur dort, wo Zukunft ist«, sagte Hilton anlässlich der Eröffnungszeremonie und setzte damit auch ein Zeichen für die Aufgeschlossenheit der Amerikaner, die ehemalige Hauptstadt wieder mit Leben und Glanz füllen zu wollen. Vom Eröffnungstag an war das Hotel in der Budapester Straße denn auch ein Anziehungspunkt für Prominente aus aller Welt, gleichzeitig Treffpunkt der internationalen Wirtschaft und Politik. Und bis heute ist das Haus dieser Rolle als wichtiges Berliner Business- und Konferenzhotel gerecht geworden. Gleichzeitig trägt es etwas von jenem Geist in sich, der in den wilden Sechzigerjahren in der Musik, Kunst, aber auch in der Studentenrevolte seinen Ausdruck fand: Eine interessante Mischung aus puristischer

Architektur, zeitgemäßem Luxus, räumlicher Großzügigkeit und geradliniger, scnörkelloser Exklusivität. Das Restaurant »Zum Hugenotten« spielte dabei eher die tragende klassische Rolle, eingebettet in die pulsierende Hotelwelt des InterConti Berlin, aber es lag in der Luft, dass es im Restaurantbereich Veränderungen geben musste. Keiner sprach offen darüber, aber die mitreißende Dynamik der Stadt, die auch vor den etablierten Hotels keinen Halt machte, ließ Umbauideen reifen, in die auch das Restaurant miteinbezogen werden sollte.

Im Januar 1998 wurde ich Küchenchef im Restaurant »Zum Hugenotten« und damit auch in die Ideen der Neuausrichtung eingeweiht, lange bevor das »Hugos« auf den Plan kam. Ohnehin hatte ich seit meinem ersten Arbeitstag im InterConti Berlin einen guten Draht zu Willy Weiland, der quirlige unermüdliche Hoteldirektor ist nicht nur für seine Angestellten ein guter Zuhörer und fairer Ratgeber, sondern auch ein innovativer Planer und kreativer Visionär. In seinen Angestellten sucht er Gesprächspartner, um Anregungen aus dem unmittelbaren Alltagsgeschäft zu erfassen, einzuordnen und passende Lösungen zu finden. Weiland hält seine Leute an der langen Leine, aber er hält sie fest. Für mich wurde er im Laufe der Zeit so etwas wie ein väterlicher Freund, der sich bei Bedarf nicht scheut, einen Tritt in den Hintern

BAR

auszuteilen. Hauptsache, es dient der gemeinsamen Sache, die steht für Willy Weiland immer ganz oben auf der Prioritätenliste.
Ein Restaurant auf dem Hoteldach mit Blick über die Silhouette Berlins, das war für ihn mehr als nur ein Traum oder eine Vision, sondern ein Projekt, das er mit der ihm eigenen Beharrlichkeit anpackte und Stück für Stück Realität werden ließ. Als die Renovierung des Ostflügels anstand, kam die Chance, gleichzeitig den Umbau der Dachterrasse auf dem Westflügel zu realisieren und hier ein neues Restaurant entstehen zu lassen. Die Idee des »Hugos« war nun endgültig geboren: das kulinarische Flaggschiff in der höchsten Etage des Hotels mit Blick über ganz Berlin. Von Anfang an war ich in die Planungen involviert, konnte meine Ideen bei der Konzeption einbringen, die Küche vollständig nach meinen Wünschen einrichten und auch bei der Ausstattung des Restaurants mitreden. Willy Weiland wollte damit nicht nur das Fachwissen des Küchenchefs in das umfassende Projekt »Hugos« einbinden, sondern dem neuen Restaurant auch gleich eine Seele einhauchen.
So ist die Entstehung des »Hugos« eine geschickte Zusammenführung verschiedenster Ideen, Anregungen und Konzepte, aber auch von Stimmungen, Befindlichkeiten und geschmacklichen Präferenzen.
Hier wurde nichts über Köpfe hinweg entschieden,

Budapester Straße
2-38

BERLIN
DU BIST VERRÜCKT MEIN KIND, DU MUSST NACH
BERLIN
WO DIE VERRÜCKTEN SIND, DA GEHÖRST DU HIN
BERLIN
Linie 100
Fußballfieber

BERLIN-MITTE
TIERGARTEN · HANSAVIERTEL · MOABIT
MOABIT
TIERGARTEN
Wall

INTER-CONTINENTAL

INTER-CONTINENTAL

sondern – manchmal auch mühsam und nervenraubend – abgestimmt, verhandelt und behutsam im Sinne eines für Gast und Personal funktionierenden Betriebs entschieden. Bis heute halten die Planungen den Anforderungen stand, auch ein Erfolg, hinter dem eine Teamleistung und ein entschlossener Entscheider stehen.

Nach acht Monaten Bauzeit war es Anfang März 2003 so weit. Aus dem »Hugenotten« wurde »Hugos« und die Equipe des Gourmetrestaurants zog vom Parterre in die oberste Etage. Von hier oben hat man eine bemerkenswerte Aussicht, lautlos bewegt sich das Leben der pulsierenden Hauptstadt durch die Straßen. Die Ruhe wirkt entspannend, beruhigend. Bei nächtlichem Himmel sieht man die Sterne funkeln und das Lichtermeer der Hauptstadt von der Siegessäule über die Reichstagskuppel bis zum Potsdamer Platz liegt dem Betrachter zu Füßen. Auch aus der Küche heraus ist dieses Postkartenmotiv zu sehen und das ganze Team genießt zwischen all dem Stress, den eine Gourmetküche von ihren Protagonisten verlangt, diesen kleinen »Lichtblick«.

Jetzt werden Sie sicherlich fragen, aber wie kocht denn jetzt Thomas Kammeier im »Hugos« und ich kann darauf nur antworten: Wir geben unser Bestes. Was ich und mein Team kochen, ist sicherlich nur eine Möglichkeit, wie etwas zubereitet werden kann.

Es ist meine Art, mit Produkten umzugehen, meine Vorstellungen, Geschmack in verschiedenen Intensitäten deutlich zu machen und unterschiedliche Geschmacksrichtungen in einem Gericht zusammenzubringen. Was auf die Teller kommt, ist eben nicht einfach nur zubereitet, sondern dahinter steht die Idee, Produkte durch kochen sensibel und mit Vorsicht so zu verändern, dass sie in ihrer Grundsubstanz eigentlich nicht verändert werden und ihre geschmackliche Authentizität behalten. Selbstverständlich sind wir bemüht, Kontinuität zu wahren, aber gerade beim Umgang mit individuellen Produkten, die nicht aus einer konformen Massenproduktion stammen, gibt es ebenso Schwankungen wie beim handwerklich hergestellten Produkt. Die Handschrift der Natur soll der Gast erkennen können und akzeptieren, dass Qualität vor allem von saisonalen Parametern abhängt. Spargel muss es nicht im Herbst geben und Biofleisch eigentlich nicht um die halbe Welt geflogen werden, um auf einem Berliner Teller zu landen. Das Vertrauen des Gastes in den Koch und seine Qualitäten ist eigentlich das Vertrauen des Kochs in die Qualität seines Produktes. Mit Ralf Bos von Bos Food habe ich seit Jahren einen verlässlichen Händler an meiner Seite, der weiß, was ich will, und von dem ich weiß, was er liefern kann. Vertrauen in Partner, die Verlässlichkeit garantieren,

ist eine Grundvoraussetzung für das Funktionieren eines Restaurants, das immer ein Gemeinschaftswerk von vielen Köpfen und Händen ist.
Ich sehe mich nicht als introvertierten Einzelkämpfer am Herd oder unnahbaren Küchengott in Weiß, der Teller absegnet und sich am Ende des Abends ohne Spuren von Stress dem staunenden Publikum zeigt. Kochen ist für mich vor allem Teamarbeit von Profis unter Zeitdruck zwischen Pfannen und Töpfen, zwischen gut organisierten Handgriffen und angespannter Konzentration, wo sich jeder auf den anderen mit der Präzision eines Uhrwerkes verlassen können muss. Gourmetküche verlangt genaues Timing, und nur wenn das reibungslos funktioniert, darf man nach den Sternen greifen. Mein Souschef Eberhard Lange spielt dabei eine wichtige Rolle, wir sind Freunde, die morgens zusammen anfangen und abends gemeinsam aufhören. Auch die Servicebrigade unter Leitung von Olaf Rode gehört zu diesem Team, auf das ich stolz bin und das einen großen Beitrag zum Erfolg des »Hugos« leistet. Dieser Teamgeist, der sich übrigens durch das ganze Hotel zieht, motiviert mich immer wieder, den Herausforderungen, die uns der Gast mit seinen Ansprüchen signalisiert, kreativ gegenüberzutreten und kulinarische Kompositionen zu schaffen, ohne dabei das primäre Produkt aus den Augen zu verlieren, um das

sich die Zubreitung dreht. Die Motivation dafür muss aus dem Herzen kommen, Liebe zum Beruf, zum Produkt, Leidenschaft, auch eine Portion Sinnlichkeit und Nachdenklichkeit, aber vor allem Spaß am Arbeiten sind unabdingbar. Dann gelingt kochen als Suche und Findung, kochen als Öffnung sinnvoller Geschmackswelten, in die der Gast entspannt eintauchen kann. Einsicht ins Wesentliche, dabei den ursprünglichen Geschmack in finessenreicher Zubereitung erhalten und in harmonischem Aromeneinklang auf den Punkt bringen. Ob uns das immer gelingt, muss der Gast entscheiden. Die Messlatte hängt in Berlin hoch, viele Kollegen – die längst gute Freunde und seit 2005 in der Gruppe »Berlin's Best« zusammengeschlossen sind – tragen dazu bei, Berlin auch zur kulinarischen Hauptstadt Deutschlands zu machen.

Ob kochen deswegen mein Leben ist? Ja, aber mit Sicherheit gibt es noch andere zentrale Dinge im Leben. An erster Stelle natürlich meine Frau und meine kleine Tochter Helene-Marie, die 2006 zur Welt kam. Leider bleibt wenig Zeit fürs Private, nur selten komme ich noch zum Boulespiel, finde kaum Zeit, mein Golfhandicap zu verbessern oder die Muße, mit meiner Guzzi übers Land zu fahren. Und wenn, dann haben die Touren meist einen kulinarischen Hintergrund: Winzer, Produzenten oder Kollegen besuchen, um neue Anregungen und Ideen für die Küche zu finden, Inspiration um den eigenen Stil zu erweitern. Einfach mal schauen, welche Aussichten die Küche von morgen bringt, denn auf dem Land und in der umliegenden Region liegt teils ungenutztes, teils unbekanntes Qualitätspotenzial, das es auch in die Gourmetküche einzubinden gilt, ebenso wie regionale Zubereitungsmethoden, die ansonsten verloren gehen. So gesehen sind Kochbücher auch ein kulinarisches Gedächtnis und Anregung zugleich, über die Zukunft unserer Esskultur nachzudenken und gleichzeitig den Spaß am Kochen neu zu entdecken und zu zelebrieren. Ohne Theatralik, aber in jedem Fall genussorientiert. Es muss also nicht immer Kaviar sein. Manchmal aber schon.

001–010 Grundrezepte

Hugos
Restaurant
Berlin's Best.

Fischfond

Ergibt ca. 2 l

1 kg **Seezungen- oder Steinbuttgräten**
150 g **Schalottenwürfel**
100 g **Selleriewürfel**
100 g **Staudenselleriewürfel**
100 g **Lauch (nur das Weiße)**
1 **Lorbeerblatt**
1 **Wacholderbeere**
1 **weißes Pfefferkorn**
1 **Nelke**

Die Fischgräten gründlich wässern, mit kaltem Wasser knapp bedecken, aufsetzen und langsam aufkochen lassen. Den dabei entstehenden Schaum immer wieder abnehmen. Wenn der Fond aufkocht, die Gemüse und Gewürze zugeben und nochmals aufkochen lassen. Den Fond 45 Minuten ziehen lassen, nochmals kurz aufkochen, dann vorsichtig durch ein Tuch passieren.

001

Fischsauce

Ergibt ca. 750 ml

150 g **Schalotten**
3 **Knoblauchzehen**
20 ml **Olivenöl**
3 **Nelken**
4 **Wacholderbeeren**
1 **Lorbeerblatt**
550 ml **Noilly Prat**
750 ml **trockener Sekt**
1,5 l **Fischfond (siehe Rezept 001)**
750 ml **Sahne**
Salz, weißer Pfeffer, Piment d'Espelette (baskischer Pfeffer), Limonensaft

Die Schalotten und den Knoblauch schälen, in feine Scheiben schneiden und in dem Olivenöl anschwitzen, ohne dass sie Farbe annehmen. Die Gewürze zugeben und mit dem Noilly Prat und dem Sekt ablöschen. Die Flüssigkeit stark einkochen lassen, dann mit dem Fischfond auffüllen und erneut stark reduzieren. Die Sahne zugeben, die Sauce einmal aufkochen lassen und im Mixer pürieren. Die Sauce durch ein feines Sieb passieren und mit Salz, weißem Pfeffer, Piment d'Espelette und Limonensaft abschmecken.

002

Geflügelfond

Ergibt ca. 2 l

1 kg **Geflügelkarkassen**
200 g **Schalottenwürfel**
100 g **Selleriewürfel**
100 g **Lauch (nur das Weiße)**
100 g **Staudenselleriewürfel**
1 **Lorbeerblatt**
2 **Nelken**
5 **Pfefferkörner**

Die Geflügelkarkassen gründlich wässern, mit kaltem Wasser knapp bedecken, aufsetzen und langsam aufkochen lassen. Den dabei entstehenden Schaum immer wieder abnehmen. Wenn der Fond aufgekocht, das Gemüse und die Gewürze zugeben und ca. 2 Stunden köcheln lassen. Den fertigen Fond vorsichtig durch ein Tuch passieren.

003

Krustentierfond

Ergibt ca. 750ml

1 kg **Langustinen- oder Hummerkarkassen**
70 g **Selleriewürfel**
70 g **Staudenselleriewürfel**
50 g **Karottenwürfel**
100 g **Schalottenwürfel**
3 **Knoblauchzehen**
50 g **Lauchwürfel**
40 ml **Olivenöl**
120 g **Tomatenwürfel**
½ TL **Kümmel**
3 **Wacholderbeeren**
1 TL **weißer Pfeffer**
1 TL **schwarzer Pfeffer**
750 ml **Fischfond**
750 ml **Geflügelfond**
500 ml **Tomatensaft**

Ein Drittel der Langustinenkarkassen im auf 160 °C vorgeheizten Backofen ca. 20 Minuten anrösten. Das Gemüse in Olivenöl anschwitzen, dann die Tomaten und die Gewürze zugeben und mit dem Fischfond, dem Geflügelfond und dem Tomatensaft auffüllen. Die gerösteten und ungerösteten Langustinen- und Hummerkarkassen hineingeben, auf etwa ein Drittel der Menge einkochen lassen und durch ein Sieb passieren.

004

Trüffelsauce

Ergibt ca. 750 ml

100 g **Schalottenwürfel**
3 **Knoblauchzehen**
40 g **Butter**
500 g **Champignons**
750 ml **weißer Portwein**
1,5 l **Geflügelfond**
100 g **Perigord-Trüffel**
20 g **Butter**
750 ml **Sahne**
100 ml **Trüffelfond**
weißer Aceto Balsamico, Salz,
Pfeffer, Piment d'Espelette

Die Schalotten und den angedrückten Knoblauch in der Butter hell anschwitzen. Die Champignons putzen, fein schneiden und dazu geben. Mit dem Portwein auffüllen. Stark einkochen lassen, mit dem Geflügelfond auffüllen und auf 300 ml reduzieren. Durch ein Sieb geben, dabei die Champignons nochmals mit einer Kelle auspressen.
Den Trüffel in feine Würfel schneiden und in der Butter anschwitzen. Mit dem Trüffelfond ablöschen und leicht einkochen lassen. Champignonfond und Sahne zugeben, im Mixer pürieren und abschmecken.

Weiße Pfeffersauce

Ergibt ca. 750 ml

150 g **Schalotten**
3 **Knoblauchzehen**
40 g **Butter**
15 g **weißer Pfeffer**
2 **Nelken**
1 **Lorbeerblatt**
750 ml **weißer Portwein**
550 ml **trockener Sherry**
1,5 l **Geflügelfond (siehe Rezept 003)**
750 ml **Sahne**
Rotweinessig, Salz, Piment d'Espelette

Die Schalotten und den Knoblauch schälen, in feine Scheiben schneiden und mit der Butter anschwitzen, ohne dass sie Farbe annehmen. Die Gewürze zugeben, mit dem Portwein und dem Sherry ablöschen und stark einkochen lassen. Den Geflügelfond zugeben und erneut stark reduzieren lassen. Sahne zugeben, nochmals kurz aufkochen und in einem Mixer pürieren. Die Sauce durch ein feines Sieb passieren und abschmecken.

006

Schweinsjus

Ergibt ca. 750 ml

5 kg **Schweineknochen (in walnussgroße Stücke gehackt)**
800 g **Schalottenwürfel, ca. 2 cm Kantenlänge**
400 g **Knollensellerie**
400 g **Karotten**
200 g **Lauch, nur das Weiße**
4 **Knoblauchzehen**
3 EL **Tomatenmark**
2 **Flaschen Rotwein**
5 g **weißer Pfeffer**
2 g **schwarzer Pfeffer**
2 **Nelken**
3 **Loorbeerblätter**
2 g **Koriandersaat**
2 g **Senfsaat**

Die Knochen in einen Bräter geben und im auf 170 °C vorgeheizten Backofen langsam anrösten. Dabei immer wieder durchrühren – sie sollten goldbraun sein.
Dann alles Gemüse hinzugeben und mitrösten, bis es schön Farbe annimmt.
Den Bräter aus dem Ofen nehmen, das Tomatenmark zugeben und einen Schuss Rotwein zugeben, sodass sich das Tomatenmark schön verteilen lässt. Alles weiterrösten und ständig den Bodensatz lösen (er darf nicht schwarz werden). Wenn der Rotwein verkocht ist, immer wieder einen Schuss Rotwein zugeben. (Die beiden Flaschen Rotwein auf fünf Mal zugeben.)
Wenn alles schön angeröstet ist, mit Wasser (Nachjus) auffüllen, sodass die Knochen knapp bedeckt sind. Die Gewürze zugeben und langsam ca. 4 Stunden simmern lassen.
Die Jus durch ein Tuch passieren und um ⅓ reduzieren.
Die Knochen dann nochmals ganz knapp mit Wasser auffüllen (Nachjus) und erneut 1 Stunde simmern lassen. Das ergibt eine Nachjus, die man für die nächste Jus einfrieren kann.

007

Parmesansauce

Ergibt ca. 200 ml

80 g **Schalotten**
2 **Knoblauchzehen**
3 **Lorbeerblätter**
1 l **Kalbsfond**
50 g **geriebenen Parmesan**
Salz
schwarzer Pfeffer
Pimente d'espelette
Rotweinessig

Schalotten, Knoblauch und Lorbeerblätter zusammen mit dem Kalbsfond in einen Topf geben. Die Sauce auf 200 ml reduzieren, durch ein Spitzsieb passieren, den geriebenen Parmesan zugeben und mit den Gewürzen abschmecken.

Lammjus

Ergibt ca. 200 ml

30 ml **Pflanzenöl**
1 kg **Lammknochen, in walnussgroße Stücke gehackt**
150 g **Schalotten**
100 g **Sellerie**
100 g **Karotten**
4 **Knoblauchzehen**
2 **Tomaten**
100 g **Lauch**
1 EL-Spitze **Tomatenmark**
750 ml **Rotwein**
Rosmarin, Thymian
1 **Lorbeerblatt**
1 **Gewürznelke**
80–100 g **Olivenöl**

Das Pflanzenöl in einen Bräter geben. Die Knochen darauf geben und im auf 200 °C vorgeheizten Backofen langsam goldbraun rösten.
Die Schalotten, den Sellerie und die Karotten zugeben und mitrösten, bis alles Farbe annimmt.
Dann den Lauch und das Tomatenmark zugeben, mit etwas Wein ablöschen und gut durchrühren, damit sich das Tomatenmark gut verteilt.
Langsam weiterrösten, dabei nach und nach den Rotwein zugeben. Wenn der Rotwein verbraucht ist, die Jus mit Wasser auffüllen, bis die Knochen knapp bedeckt sind. Die Gewürze zugeben, die Jus ca. 2 Stunden im Backofen köcheln lassen. Dabei immer wieder den Rand des Bräters von den Röstresten frei machen und bei Bedarf gelegentlich mit Wasser auffüllen.
Die Sauce durch ein feines Spitzsieb oder durch ein Tuch in einen Topf passieren.
Die Jus noch etwas reduzieren und mit etwas Olivenöl binden. Kurz bevor die Sauce die richtige Konsistenz hat, noch einen Thymianzweig zugeben und etwas mitköcheln lassen. Den Thymianzweig entfernen.

009

Rehjus

Ergibt ca. 750 ml

5 kg **Rehknochen, in walnussgroße Stücke gehackt**
800 g **Schalotten, in ca. 2 cm große Stücke geschnitten**
400 g **Knollensellerie**
400 g **Karotten**
4 **Knoblauchzehen**
200 g **Lauch (nur das Weiße)**
3 EL **Tomatenmark**
1 ½ l **Rotwein**
2 g **weißer Pfeffer**
2 g **schwarzer Pfeffer**
5 **Gewürznelken**
3 **Loorbeerblätter**
2 g **Koriandersaat**
5 **Wachholderbeeren**
5 **Pimentkörner**

Die Rehknochen in einen Bräter geben und im auf 170 °C vorgeheizten Backofen anrösten. Dabei immer wieder durchrühren, sie sollten goldbraun sein. Schalotten, Knollensellerie, Karotten und Knoblauch hinzugeben und mitrösten, bis alles eine schöne Farbe annimmt. (Vorsicht: Es darf nicht schwarz werden.)
Den Bräter aus dem Ofen nehmen und das Tomatenmark zugeben. Damit sich dieses gut verteilt, etwas Rotwein einrühren. Dann weiterrösten und ständig den Bodensatz lösen. (Es darf nicht schwarz werden.) Sobald der Rotwein verkocht ist, wieder etwas Rotwein zugeben – die gesamte Menge in fünf Malen. Wenn alles schön angeröstet ist, mit Wasser (Nachjus) auffüllen, bis die Knochen knapp bedeckt sind. Den Lauch und die Gewürze zugeben und alles langsam ca. 4 Stunden kochen (simmern) lassen.
Die Jus dann durch ein Tuch passieren und um ein Drittel reduzieren.
Die Knochen dann nochmals ganz knapp mit Wasser auffüllen (Nachjus) und nochmals 1 Stunde durchkochen (simmern) lassen. Das ergibt eine Nachjus, mit der man später wieder eine Jus auffüllen kann.

011–024 VORSPEISEN

Kanadischer Hummer: Carpaccio, Kresse-Sprossensalat, asiatische Aromen | **Entenbrust:** Glasnudel-Ingwer-Salat, Ananas, Sprossen, asiatische Aromen | **Flusskrebse & Spanferkel-schnäuzchen:** Erbsen, Flusskrebse, lauwarme Sülze | **Gänsestopfleber:** gebraten, zweierlei Mousse, Mispel, Salat | **Jakobsmuschel:** Vogelmiere, Mais, Kaiserschoten, Chili | **Kalbstafelspitz:** Rote Bete, Meerrettich, Salat | **Kanadischer Hummer:** Tatar, Blutorange, Safran-Chili-Eis | **Langustino:** Süppchen, Papaya, Tatar | **Rinderfilet & Wachtelei:** Carpaccio, Salat, Balsamico | **Sardine:** Fenchel, Chorizo, Tomate **Spanferkel & Langustino:** Krosser Bauch, Melone, Langustino, arabische Aromen | **Spanferkel:** Bauch, arabische Aromen, Sandwich, Kräutersalat, Bäckchen | **Taschenkrebs:** Tatar, Safran-Chili-Eis, Fenchel, Paprikaöl | **Tomatensuppe:** Chorizo-Eis, gefüllte Tomate

Hugos

KANADISCHER HUMMER
CARPACCIO, KRESSE-SPROSSENSALAT, ASIATISCHE AROMEN

Für 4 Personen

Hummer

2 kanadische Hummer (lebend)
1 Beutel Kamillentee
40 g Butter
Küchengarn

In einem großen Topf reichlich Wasser zusammen mit dem Teebeutel zum Kochen bringen.
Die beiden Hummer am Schwanz mit Küchengarn zusammenbinden, damit dieser schön gerade bleibt. Die Hummer mit dem Kopf und den Scheren voran zuerst 2 Minuten lang in das siedende Wasser halten, dann die ganzen Hummer weitere 3 Minuten abkochen. Die Hummer herausnehmen, erkalten lassen und ausbrechen.
Die Butter in einem Topf braun werden lassen, die Teller leicht mit der braunen Butter bestreichen. Das Hummerfleisch in dünne Scheiben schneiden und auf die Teller legen. (Die Teller kann man mit Folie abdecken und bis zum Servieren kalt stellen. Etwa eine halbe Stunde vor dem Servieren wieder aus dem Kühlschrank nehmen und auf Zimmertemperatur erwärmen.)

Asia-Dressing

2 EL Reisessig
2 EL Sojasauce
2 EL Ketjab Manis (süße indonesische Sojasauce, erhältlich im Asialaden)
2 EL Honig
2 EL passierte Sweet-Chili-Sauce
2 EL Austernsauce
10 EL Sesamöl
1 Limette
Piment d'Espelette (baskischer Pfeffer)
etwas Wasabipaste

Alle Zutaten zu einem Dressing verrühren.

011

Salat

2 Kästchen **gemischte Kresse**
10 g **Zwiebelsprossen**
10 g **Rote-Bete-Sprossen**
etwas weißer und schwarzer Sesam

Kresse und Sprossen vermischen und mit etwas Dressing beträufeln.

Anrichten

Das Hummer-Carpaccio mit dem restlichen Dressing bestreichen. Den Salat in der Mitte des Tellers anrichten und mit dem gerösteten Sesam bestreuen.

Weinempfehlung

2006 Terrasola
Chardonnay, Xarel-Lo
Jean Leon
Katalonien

ENTENBRUST
GLASNUDEL-INGWER-SALAT, ANANAS, SPROSSEN, ASIATISCHE AROMEN

Für 4 Personen

Entenbrust

2 Entenbrüste
100 ml Sojasauce
100 ml Pflaumensauce (erhältlich im Asialaden)
1 Stück Zitronengras
1 Limonenblatt
2 Chilischoten
1 Sternanis
1 g Laos-Pfeffer
1 g Bergpfeffer
20 g Honig
Saft einer halben Limone

Die Haut der Entenbrüste tief einschneiden. Die Sojasauce mit der Pflaumensauce kurz aufkochen, alle Gewürze zugeben und erkalten lassen. Die Entenbrüste darin 2 Tage marinieren. Dann das Fleisch herausnehmen, auf der Hautseite vorsichtig rosa braten und abkühlen lassen.

Glasnudel-Ingwersalat

50 g Glasnudeln
1 Karotte
80 g Sellerie
80 g Lauch
2 Tomaten
20 g eingelegter Ingwer
50 g passierte Sweet-Chili-Sauce
30 g Sojasauce
Saft einer Limette
Piment d'Espelette (baskischer Pfeffer), Pfeffer, Salz

Die Glasnudeln kurz in Salzwasser kochen. Karotten, Sellerie und Lauch in feine Streifen schneiden und kurz blanchieren. Die Tomaten häuten, entkernen und in Würfel schneiden. Die Glasnudeln mit den Gewürzen vermengen und abschmecken. Die Gemüsestreifen zugeben und vermengen.

Ananas

1 Flugananas
200 ml Ananassaft
1 Limonenblatt
½ Chilischote
Salz, Honig

Die Ananas schälen und in Scheiben schneiden, die Scheiben zu Rechtecken schneiden. Die Abschnitte mit dem Ananassaft mixen. Die Gewürze zugeben, den Saft erwärmen und die Ananasscheiben einen Tag darin marinieren.

Asia-Dressing

2 EL Reisessig
2 EL Sojasauce
2 EL Ketjab Manis
2 EL Honig
2 EL passierte Sweet-Chili-Sauce
2 EL Austernsauce
10 EL Sesamöl
1 Limette
Piment d'Espelette
etwas Wasabipaste

Alle Zutaten zu einem Dressing verrühren.

Salat

30 g Shizo-Kresse
30 g Rote-Bete-Sprossen
30 g Zwiebelsprossen

Den Salat mischen und mit dem Dressing marinieren.

Anrichten

Die Entenbrust in dünne Scheiben schneiden, den Glasnudel-Ingwersalat darin einrollen und zusammen auf der Ananas anrichten, mit dem Salat ausgarnieren.

Weinempfehlung

2005 Pinot Blanc, Schloss Saarstein
Mosel-Saar-Ruwer

FLUSSKREBSE & SPANFERKELSCHNÄUZCHEN
ERBSEN, FLUSSKREBSE, LAUWARME SÜLZE

Für 4 Personen

Spanferkelschnäuzchen

500 g **Spanferkelschnäuzchen**
80 g **Pökelsalz**
1,5 l **Wasser**
400 g **Wurzelgemüse**
Lorbeer, Pfeffer, Nelke, Wacholder, Koriander, Senfsaat, Weißweinessig

Das Pökelsalz in dem Wasser auflösen und leicht erwärmen. Die Spanferkelschnäuzchen mit den Gewürzen in das Wasser geben und drei Tage darin belassen.
Die Spanferkelschnäuzchen aus der Pökellake nehmen, mit kaltem Wasser aufsetzen und langsam zum Köcheln bringen. Den dabei entstehenden Schaum immer wieder abnehmen. Die Gewürze und das Gemüse zugeben und gar ziehen lassen.
Das Spanferkelfleisch ausstechen, auskühlen lassen und in feine Würfel schneiden. Den Fond passieren und je nach Salzigkeit noch etwas einkochen lassen. Den Fond zu dem Fleisch geben, abschmecken, in eine Form drücken und über Nacht pressen. Danach in die gewünschte Form (quadratisch oder rund) schneiden. Die Sülzenstücke vorsichtig erhitzen, damit sie nicht zerfallen.

Panade

10 g **Petersilie**
10 g **Kerbel**
10 g **Ysop**
etwas Estragon
100 g **Mie de Pain (entrindetes, fein geriebenes Weißbrot)**
Butter zum Braten

Die gezupften Kräuter gründlich waschen, trocken tupfen, grob hacken und mit der Mie de Pain fein mixen, sodass eine Panade entsteht. Darin die kleinen Sülzescheiben wenden und vorsichtig in Butter braten.

013

Flusskrebse

12 Flusskrebse
1 Beutel Kamillentee
Salz, Dill, etwas Weißweinessig

Wasser in einem Topf zum Kochen bringen. Das Salz, den Dill, den Kamillenteebeutel zugeben und einen kleinen Spritzer Essig hinzufügen. Die Flusskrebse in das kochende Wasser geben. Den Topf von der Herdplatte nehmen und die Flusskrebse ca. 3 bis 4 Minuten darin ziehen lassen. Dann die Flusskrebsschwänze ausbrechen.

Erbsen

50 g gepulte Erbsen
1 Tomate
20 g Butter
20 ml Geflügelfond
Minze, Salz und Zucker

Die Erbsen kurz blanchieren und halbieren. Die Tomate enthäuten, entkernen und in Würfel schneiden. Zusammen mit den Erbsen und der Minze in der Butter glasieren. Den Fond zugeben und abschmecken.

Anrichten

Das Erbsengemüse mit den Flusskrebsen und den Spanferkelschnäuzchen auf Tellern anrichten.

Weinempfehlung

2005 Jechtinger Steingrube
Weißer Burgunder Kabinett trocken
Weingut Bercher
Baden

GÄNSESTOPFLEBER
GEBRATEN, ZWEIERLEI MOUSSE, MISPEL, SALAT

Für 4 Personen

Gebratene Gänsestopfleber

Salz, Pfeffer
200 g **Gänsestopfleber**
20 ml **Speiseöl**

Die Gänsestopfleber mit Salz und Pfeffer würzen. In einer Pfanne das Öl erhitzen und die Leber darin anbraten. Die Leber kalt stellen und rechteckig ausstechen.

Erste Mousse

250 g **Gänsestopfleber**
50 ml **Kalbsfond**
30 ml **Cognac**
30 ml **Sauternes (edelsüßer Weißwein)**
Salz, Pfeffer

Die Gänsestopfleber putzen und durch ein Sieb passieren. Den Kalbsfond, den Cognac und den Sauternes erwärmen. Die Lebercreme einrühren und die Mousse mit Salz und Pfeffer abschmecken.

Zweite Mousse

50 g **Gänsestopfleber**
50 ml **Kalbsfond**
1/2 EL **Speisestärke**
1,5 Blatt **Gelatine**
125 ml **Sahne**
Salz, Pfeffer

Für die Mousse die Gänsestopfleber putzen und durch ein Sieb streichen. Den Fond erhitzen und mit der Stärke binden. Die Gelatine in kaltem Wasser einweichen und in dem warmen Fond auflösen. Die Gänsestopfleber einrühren. Die Sahne steif schlagen und unterheben. Würzen.

Mispelgelee

300 g **Mispeln**
40 g **Zucker**
100 ml **Weißwein**
1 **Limone**
4 Blatt **Gelatine**

Die Mispeln waschen, halbieren und entkernen. Den Zucker in einem Topf ohne Fettzugabe karamellisieren. Den Karamell mit dem Weißwein ablöschen. Die Mispeln und etwas Limonenabrieb zugeben und kurz miteinander verkochen. Alles in einen Mixer geben und pürieren, danach in ein Tuch geben und abhängen lassen. Die Gelatine einweichen. 100 ml des entstandenen Mispelsaftes mit der eingeweichten Gelatine versetzen.

014

Salat

40 ml **Geflügelfond**
10 ml **alter Aceto Balsamico**
5 g **Dijonsenf**
40 ml **Traubenkernöl**
40 ml **Olivenöl**
Salz, Pfeffer
100 g **Friséesalat**
einige Kerbelspitzen

Aus dem Geflügelfond, dem Aceto Balsamico, dem Dijonsenf, dem Traubenkernöl und dem Olivenöl ein Dressing herstellen. Mit Salz und Pfeffer abschmecken. Den Salat darin marinieren.

Anrichten

Den Salat zusammen mit der Gänsestopfleber, den beiden Mousses und dem Mispelgelee dekorativ auf Tellern anrichten.

Weinempfehlung

2004 La Perlara
Recioto di Soave
ca' Rugate
Venetien

015

JAKOBSMUSCHEL
VOGELMIERE, MAIS, KAISERSCHOTEN, CHILI

Für 4 Personen

Jakobsmuscheln

4 **große Jakobsmuscheln**
Salz, Piment d'Espelette (baskischer Pfeffer)
20 ml **Olivenöl**

Die Jakobsmuscheln ausbrechen, putzen und unter kaltem Wasser abspülen. Die Muscheln trocken tupfen und mit einem Messer einschneiden. Mit Salz und Piment d'Espelette würzen. Eine Pfanne erhitzen, das Olivenöl hineingeben und die Jakobsmuscheln von beiden Seiten darin glasig braten. Das Bratöl abgießen, frisches Olivenöl und das Basilikum hineingeben und die Muscheln kurz nachbraten.

Asia-Dressing

2 EL **Reisessig**
2 EL **Sojasauce**
2 EL **Ketjab Manis (süße indonesische Sojasauce)**
2 EL **Honig**
2 EL **passierte Sweet-Chili-Sauce**
2 EL **Austernsauce**
10 EL **Sesamöl**
1 **Limette**
Piment d'Espelette (baskischer Pfeffer)
etwas Wasabipaste (nach Geschmack)

Alle Zutaten zu einem Dressing verrühren.

015

Salat

8 **Mini-Maiskolben**
80 g **Kaiserschoten (Zuckerschoten)**
1 **mittelscharfe Chilischote**
60 g **Vogelmiere**
20 g **Shizokresse (erhältlich im Asialaden)**
etwas schwarze und weiße Sesamsaat

Den Mais und die Kaiserschoten ganz kurz in siedendem Wasser blanchieren, dann in Eiswasser abschrecken. Den Mais in dünne Scheiben und die Kaiserschoten in Julienne schneiden. Die Vogelmiere und die Shizokresse putzen und zupfen. Den schwarzen und weißen Sesam in einer heißen Pfanne ohne Fettzugabe anrösten. Den Salat mit dem Dressing anrichten, den Sesam darüberstreuen.

Anrichten

Den Salat mit den gebratenen Jakobsmuscheln dekorativ auf Tellern anrichten.

Weinempfehlung

2005 Grauer Burgunder »R«
Weingut Zimmerling
Dresden

INTERCONTINENTAL
BERLIN

KALBSTAFELSPITZ
ROTE BETE, MEERRETTICH, SALAT

Für 6 Personen

Kalbstafelspitz

1 Kalbstafelspitz (ca. 400–600 g)
Salz, schwarzer Pfeffer
20 ml Pflanzenöl
1 Lorbeerblatt
etwas frischen Rosmarin und Thymian

Den Kalbstafelspitz parieren und mit Salz und schwarzem Pfeffer würzen. Eine Pfanne erhitzen, das Öl hineingeben und den Tafelspitz von allen Seiten anbraten. Den Rosmarin und den Thymian zugeben. Den Kalbstafelspitz im auf 140 °C vorgeheizten Backofen etwa 16 Minuten rosa braten.

Rote Bete

200 g rote Bete
1 Orange (unbehandelt)
1 Lorbeerblatt
1 Nelke
2 g Anis
Salz, schwarzer Pfeffer

Die rote Bete in einem Topf mit Wasser aufsetzen. Alle Gewürze und den Abrieb der Orange zugeben und weich kochen. Die rote Bete noch warm schälen und in die Scheiben schneiden.

Vinaigrette

40 ml Geflügelfond (siehe Rezept 003)
3 ml Rotweinessig
10 ml Traubenkernöl
2 ml Arganöl (Öl der Früchte des marokkanischen Arganbaums)
Salz, Pfeffer, Senfpulver
Friséesalat
Shizokresse
Sprossen

Alle Zutaten zu einer Vinaigrette verrühren. ⅓ für den Salat zurückbehalten, in den restlichen ⅔ der Vinaigrette die Rote Bete marinieren.

016

Meerrettichcreme

20 g **Crème fraîche**
20 g **geschlagene Sahne**
10 g **Mascarpone**
frischer Meerrettich, Salz, Piment d'Espelette (baskischer Pfefffer), Pfeffer

Den Mascarpone glatt rühren, die Crème fraîche einrühren und abschmecken. Je nach Geschmack Meerrettich zugeben und die Sahne unterheben.

Anrichten

Den Kalbstafelspitz mit der Meerrettichcreme, der Roten Bete und dem Salat auf Tellern anrichten.

Weinempfehlung

2001 Le petit Sid
Matthieu Cosse
Cahors

017

KANADISCHER HUMMER
TATAR, BLUTORANGE, SAFRAN-CHILI-EIS

Für 4 Personen

Hummer

2 lebende kanadische Hummer (à 600 bis 700 g)
1 Beutel Kamillentee

Einen großen Topf voll Wasser zum Kochen bringen, dann den Kamillenteebeutel einlegen. Den Hummer an den Schwänzen zusammenbinden und kopfüber ins Wasser halten, sodass die Scheren und die Köpfe hineinragen, 2 Minuten kochen. Dann die Hummer ganz ins Wasser geben und nochmals 3 Minuten kochen. Die Hummer auskühlen lassen, die Scheren ausbrechen, das Schwanzfleisch in dünne Scheiben portionieren.

Tatar

1–2 EL Crème fraîche
10 g Schnittlauch
1 Limone
Salz, Piment d'Espelette (baskischer Pfeffer)

Das Scherenfleisch der Hummer zu einem feinen Tatar schneiden, mit der Crème fraîche, dem Schnittlauch, dem Saft der Limone, Salz und Piment d'Espelette abschmecken.

Blutorangen

6 Blutorangen
30 g Zucker
200 ml Blutorangensaft
¼ Vanilleschote
1 Sternanis
etwas Speisestärke

Die Orangen schälen und filetieren. Den Zucker in einem Topf karamellisieren, den Karamell mit dem Blutorangensaft ablöschen. Die Vanilleschote und den Sternanis zugeben, alles auf 100 ml einkochen lassen. Den Karamell mit etwas Speisestärke binden, die Orangenfilets hineingeben und erkalten lassen.

017

Safran-Chili-Eis

500 ml **Orangensaft**
1 g **Safran**
125 ml **Milch**
125 ml **Sahne**
25 g **Glukose**
35 g **Zucker**
2 **Eigelb**
1 **Vollei**
125 g **Mascarpone**
Piment d'Espelette (baskischer Pfeffer)
Salz

Den Orangensaft mit dem Safran erhitzen und auf 125 ml einkochen lassen. Die Milch, die Sahne und die Glukose mischen und aufkochen. Die Eier mit dem Zucker im warmen Wasserbad aufschlagen, das Milch-Sahne-Gemisch langsam zugeben und bis zur Rose abziehen. Den Mascarpone und den Orangen-Safran-Saft unterrühren und das Ganze mit dem Piment und etwas Salz abschmecken.

Anrichten

Das Eis mit den Blutorangenfilets, den Hummerscheiben und dem Hummertatar auf Tellern anrichten.

Weinempfehlung

2006 Weißer Burgunder
Spätlese trocken
Weingut Pawis
Saale-Unstrut

LANGUSTINO
SÜPPCHEN, PAPAYA, TATAR

Für 4 Personen

Langustini

4 Langustini (à ca. 100 g)
Salz, Pfeffer
1 EL Olivenöl
10 g Butter
frischer Thymian

Die Langustini ausbrechen, entdarmen, salzen, pfeffern und in Olivenöl glasig braten. Das Olivenöl abgießen und die Langustini mit dem Thymian in der Butter kurz nachbraten.

Tatar

4 Langustini (à ca. 100 g)
Salz, Limonensaft, Pfeffer, Piment d'Espelette (baskischer Pfeffer)
3 Korianderblätter

Die Langustini ausbrechen, entdarmen und in ein feines Tatar schneiden. Mit Salz, Limonensaft, Pfeffer und Piment d'Espelette abschmecken. Die Korianderblätter in feine Streifen oder Würfel schneiden und untermengen.

Papaya

1 Papaya
200 ml Multivitaminsaft
30 g Zucker
1 kleine Chilischote
Limonensaft

Die Papaya schälen und in runde Scheiben schneiden. Die Abschnitte pürieren, passieren und mit dem Multivitaminsaft vermengen. Den Zucker in einem Topf karamellisieren, den Karamell mit dem Papaya-Multivitaminsaft ablöschen. Die Chilischote zugeben, alles auf 100 ml einkochen und mit Limonensaft abschmecken. Die Papaya-Scheiben ½ Tag darin marinieren.

Sesamhippe

20 g Butter
2 Eiweiß
70 bis 100 g Mehl
1 Tropfen geröstetes Sesamöl
Salz, Pfeffer
20 g weiße Sesamsaat
20 g schwarze Sesamsaat

Die Butter schmelzen und etwas abkühlen lassen. Das Eiweiß einrühren und so viel Mehl zugeben, bis eine streichfähige Masse entsteht. Abschmecken. Den Teig auf einer Backmatte zu Hippen streichen. Abwechselnd mit weißem und schwarzem Sesam bestreuen und im auf 200 °C vorgeheizten Backofen etwa 8 Minuten backen.

018

Suppe

20 g **Karottenwürfel**
20 g **Selleriewürfel**
40 g **Schalottenwürfel**
20 ml **Olivenöl**
3 **Tomaten**
1 kg **Langustinokarkassen**
700 ml **Krustentierfond (siehe Rezept 004)**
1 Stück **Zitronengras**
Fenchelsaat, Lorbeerblatt, Nelke, Limonenabrieb, Salz, schwarzer Pfeffer
50 g **Crème fraîche**
50 ml **Sahne**

Die Gemüsewürfel in dem Olivenöl goldbraun anschwitzen. Die gehäuteten Tomaten zugeben und weiter anschwitzen. Die Langustinokarkassen zugeben und mit dem Krustentierfond auffüllen. Das Zitronengras fein schneiden und zugeben. Die Suppe kurz aufkochen, alle Gewürze zugeben und 30 Minuten köcheln lassen. Die Suppe durch ein Sieb passieren und 400 ml abmessen. Die Crème fraîche und die Sahne zugeben, abschmecken.

Anrichten

Je Portion etwas Tatar auf Papayascheiben geben, ein Langustino dazugeben, die Suppe und eine Hippe dazu reichen.

Weinempfehlung

2004 TO
Welschriesling, Chardonnay
Weingut Velich
Burgenland

RINDERFILET & WACHTELEI
CARPACCIO, SALAT, BALSAMICO

Für 4 Personen

Rinderfilet

300 g Rinderfilet
20 ml Öl
Salz, schwarzer Pfeffer, Rosmarin, Lorbeerblatt, Thymian

Das Rinderfilet würzen. Eine Pfanne erhitzen, das Öl hineingeben und das Filet rundherum anbraten. Die Kräuter zugeben und im vorgeheizten Backofen bei 140 °C ca. 16 Minuten rosa braten. Das Filet auskühlen lassen und in sehr feine Scheiben schneiden.

Wachtelei

6 Wachteleier
100 g Petersilie
20 g Kerbel
5 g Rosmarin
5 g Thymian
150 g Paniermehl
1 Ei
etwas Mehl
500 ml Olivenöl

Die Wachteleier ca. 90 Sekunden kochen, in Eiswasser abschrecken und schälen. Das Paniermehl mit den gezupften Kräutern in einen Mixer geben und so fein mixen, dass ein grünes Paniermehl entsteht. Die Wachteleier leicht mehlieren, durch das aufgeschlagene Ei ziehen und in dem grünen Paniermehl wälzen. Das Olivenöl in einem Topf auf 160 °C erhitzen und die Wachteleier darin ausbacken.

Dressing

40 ml Geflügelfond
(siehe Rezept 003)
10 ml alter Aceto Balsamico
5 g Dijonsenf
40 ml Traubenkernöl
40 ml Olivenöl
Salz
Pfeffer

Aus den Zutaten ein Dressing herstellen.

019

Salat

100 g **dunkler Eichblattsalat**
100 g **heller Eichblattsalat**

Den Salat in feine Streifen schneiden und in dem Dressing marinieren.

Anrichten

Den Salat mit dem Rinderfilet und den gebackenen Wachteleiern auf Tellern anrichten.

Weinempfehlung

2005 Hahn Bacherach
Riesling Großes Gewächs
Toni Jost
Mittelrhein

020

SARDINE
FENCHEL, CHORIZO, TOMATE

Für 4 Personen

Sardinen

10 Sardinen
Meersalz
Limonensaft
Olivenöl
Knoblauch
Thymian, Rosmarin
Limonenabrieb

Die Sardinen schuppen und ausnehmen, dann etwa 10 Minuten in Meersalz einlegen, danach etwa 5 Minuten in Limonensaft einlegen. Die Sardinen herausnehmen und abtupfen. Das Olivenöl mit Kräutern, Knoblauch und Limonenabrieb leicht erwärmen und auf Zimmertemperatur abkühlen lassen. Die Sardinen mindestens einen halben Tag darin einlegen. (Die Mengen an Salz, Limonensaft, Olivenöl und Kräutern sind abhängig von der Größe der Sardinen – nehmen Sie so viel, dass die Sardinen immer bedeckt sind.)

Fenchelgelee

2 g Fenchelsaat
1 Sternanis
600 ml Fenchelsaft, aus dem Entsafter
Noilly Prat, weißer Aceto Balsamico, Salz, Pfeffer, Piment d'Espelette (baskischer Pfeffer), Agar-Agar

Die Fenchelsaat und den Sternanis in einem Topf leicht anrösten, mit etwas Noilly Prat ablöschen, dann mit dem Fenchelsaft auffüllen. Mit den Gewürzen und dem Aceto Balsamico abschmecken, noch etwas köcheln lassen. Anschließend passieren. Je 500 ml Flüssigkeit 4 g Agar-Agar zugeben. Die Flüssigkeit in eine Form geben und erkalten lassen.

Tomatengelee

1,2 kg reife Olivetti-Tomaten
8 Blätter Basilikum
1 Zweig Estragon
Salz, Pfeffer, Honig, Aceto Balsamico, Piment d'Espelette (baskischer Pfeffer), Agar-Agar

Die Tomaten, das Basilikum und den Estragon in einen Mixer geben und pürieren. Über Nacht in einem Tuch abhängen lassen. Den Saft abschmecken und nochmals passieren. Je 500 ml Flüssigkeit 4 g Agar-Agar zugeben, alles in eine Form geben und erkalten lassen.

Chorizogelee

100 g Chorizowürfel
20 g Schalottenwürfel

Die Chorizo in einem Topf bei mäßiger Hitze auslassen. Den Knoblauch und die Schalottenwürfel zugeben und glasieren.

1 Knoblauchzehe
2 Tomaten
2 g Paprikapulver
600 ml Geflügelfond
Rosmarin, Thymian, Pfeffer, Piment d'Espelette (baskischer Pfeffer)

Die Tomaten überbrühen, enthäuten, würfeln und mit den Kräutern zu der Chorizo geben. Mit dem Geflügelfond auffüllen und leicht köcheln lassen. Abschmecken, passieren und entfetten. Je 500 ml Fond 4 g Agar-Agar zugeben, alles in eine Form geben und erkalten lassen.

Knoblauchmayonnaise

1 Knoblauchzehe
2 Eigelb
80 ml Sonnenblumenöl
60 ml Olivenöl
10 ml Arganöl
Senf, Salz, Pfeffer, Piment d'Espelette (baskischer Pfeffer), Rotweinessig

Die Knoblauchzehen schälen und zu einem feinen Püree mörsern. Mit den Eigelben verrühren, das Öl langsam einrühren und mit Senf, Salz, Pfeffer, Piment d'Espelette und Rotweinessig pikant abschmecken.

Hippenteig

20 g Butter
2 Eiweiß
1 TL Hummercorail (Hummerrogen, erhältlich im Fischfachgeschäft)
70–100 g Mehl, Type 405
Limone, Salz, Pfeffer, Piment d'Espelette (baskischer Pfeffer)

Die Butter schmelzen lassen. (Achtung: Sie sollte nicht zu heiß sein.) Das Eiweiß mit dem Corail vermengen und die Butter einrühren. Das Mehl sieben und unterheben, abschmecken. Den Teig auf einer Backmatte in Hippenform streichen und im auf 180 °C vorgeheizten Backofen etwa 4 bis 5 Minuten backen.

Anrichten

Die Gelees portionieren, Sardinenstücke darauf anrichten und mit Knoblauchmayonnaise und Hippen dekorieren.

Weinempfehlung

2005 Naumburger Sonneneck, Riesling Spätlese trocken
Weingut Pawis, Saale-Unstrut

021

SPANFERKEL & LANGUSTINO
KROSSER BAUCH, MELONE, LANGUSTINO, ARABISCHE AROMEN

Für 4 Personen

Spanferkelbauch vorbereiten

1 kg Saalower Spanferkelbauch
Knoblauch, Lorbeerblatt, Raz el Hanout (nordafrikanische Gewürzmischung), Salz, Pfeffer, Pökelsalz

Den Bauch mit dem Knoblauch, dem Lorbeerblatt, dem Raz el Hanout, Salz, Pfeffer und Pökelsalz würzen und einen Tag marinieren. Den Spanferkelbauch im Bratschlauch bei 100 °C ca. 5 Stunden garen, dann ca. 10 bis 12 Stunden erkalten lassen.

Spanferkelbauch zubereiten

100 ml Geflügelfond (siehe Rezept 003)
1 Lorbeerblatt
1 TL Raz el Hanout
3 schwarze Pfefferkörner
3 weiße Pfefferkörner

Den Geflügelfond mit den Gewürzen kurz aufkochen. Den Spanferkelbauch portionieren, in dem Fond warmsetzen und im Backofen erhitzen. Kurz unter dem Backofengrill gratinieren, bis er kross ist.

Langustini

4 Langustini
1 EL Olivenöl
10 g Butter
Thymian

Die Langustini putzen, vom Darm befreien und in Olivenöl glasig braten. Das Olivenöl abgießen und die Langustini in der Butter mit dem Thymian etwas nachbraten.

Korianderpistou

1 Bund Koriander
50 ml mildes Olivenöl
Salz, Pfeffer

Den Koriander zupfen und mit dem Öl und dem Salz zu einem Pistou pürieren.

021

Melone

1 **Wassermelone (kernlos)**
1 **Charentais-Melone**
Melonenlikör, Piment d'Espelette, Honig, Limonensaft

Aus der Wassermelone rechteckige Scheiben schneiden. Aus den Resten und den Gewürzen einen Einlegesud kochen. Die Melonenscheiben einen Tag darin marinieren.
Aus der Charentais-Melone Kugeln ausstechen.

Salat

20 g **Friséespitzen**
20 g **Löwenzahnspitzen**
10 g **Blattpetersilieblätter**
10 g **Kerbelspitzen**
20 ml **Geflügelfond**
5 ml **Olivenöl**
1 **Spritzer Rotweinessig, Zucker, Salz, Pfeffer**

Den Geflügelfond, das Olivenöl und den Rotweinessig mit etwas Zucker, Salz und Pfeffer zu einem Dressing verrühren und den Salat darin wenden.

Anrichten

Auf den Wassermelonenscheiben jeweils etwas Spanferkelbauch, je eine Langustine und etwas Salat anrichten. Mit Korianderpistou dekorieren.

Weinempfehlung

2006 Sauvignon Blanc
Kabinett trocken
Weingut Knipser
Pfalz

SPANFERKEL
BAUCH, ARABISCHE AROMEN, SANDWICH, KRÄUTER-SALAT, BÄCKCHEN,

Für 4 Personen

Spanferkelbauch

200 g **Spanferkelbauch**
2 EL **Raz el Hanout (nordafrikanische Gewürzmischung)**
3 **Schalotten**
100 ml **Geflügelfond (siehe Rezept 003)**
Salz, Pfeffer

Den Spanferkelbauch mit dem Raz el Hanout einreiben und über Nacht marinieren. Die Haut des Spanferkelbauchs einschneiden und das Fleisch in den auf 150 °C vorgeheizten Backofen geben. Die geschnittenen Schalotten zugeben und etwas Geflügelfond angießen. Nach ca. 1 Stunde die Backofentemperatur auf 220 °C erhöhen, bis das Fleisch schön kross ist. Dann noch etwa 1 Stunde bei 130 °C fertig garen.

Eisbeine

2 **Spanferkeleisbeine (à ca. 200 g)**
30 g **Sellerie**
30 g **Karotte**
30 g **Schalotte**
Lorbeer, Pökelsalz, Pfeffer, Nelke
1 **Wurstdarm**
Toastbrot, Eier, Butter, Mehl

Die Eisbeine mit dem Wurzelgemüse und den Gewürzen im Topf ansetzen, Wasser auffüllen und garen, bis sich das Fleisch leicht vom Knochen lösen lässt. Das Eisbein klein schneiden und mit etwas reduziertem Fond vermengen. Das Fleisch würzen, in den Wurstdarm füllen und erkalten lassen.
Die Wurst in dünne Scheiben schneiden, das Ei verquirlen, die Wurstscheiben mehlieren, das Toastbrot durch das Ei ziehen und die Wurst damit umhüllen. Dann in Butter braten.

Salat

1 EL **Reisessig**
1 EL **Sojasauce**
1 EL **Ketjab Manis (süße indonesische Sojasauce)**
1 EL **Honig**
1 EL **passierte Sweet-Chili-Sauce**
1 EL **Austernsauce**
5 EL **Sesamöl**
1 **Limette**

Alle Zutaten zu einem Dressing verrühren und die Kräuter darin wenden.

Piment d'Espelette
etwas Wasabipaste (nach Geschmack)
Kräuter je nach Jahreszeit

Spanferkelbäckchen

150 g Spanferkelbäckchen
300 ml Olivenöl
Rosmarin, Thymian, Salz, Pfeffer

Die Spanferkelbäckchen in dem gewürzten Olivenöl ca. 1 bis 2 Stunden schön weich konfieren.

Anrichten

Den Spanferkelbauch, das Eisbeinsandwich, den Salat und die Spanferkelbäckchen dekorativ auf Tellern anrichten.

Weinempfehlung

2004 Haardter Bürgergarten
Muskateller Kabinett trocken
Müller-Catoir
Pfalz

TASCHENKREBS
TATAR, SAFRAN-CHILI-EIS, FENCHEL

Für 4 Personen

Taschenkrebstatar

150 g **Taschenkrebsfleisch**
20 g **Crème fraîche**
1 **Limone**
etwas Schnittlauch
Salz, Pfeffer, Piment d'Espelette

Das Taschenkrebsfleisch zu Tatar verarbeiten. Die Crème fraîche zugeben und mit dem Limonensaft und den übrigen Zutaten abschmecken.

Safran-Chili-Eis

500 ml **Orangensaft**
10 **Safranfäden**
125 ml **Milch**
125 ml **Sahne**
25 g **Glukose**
35 g **Zucker**
2 **Eigelb**
1 **Ei**
125 g **Mascarpone**
Salz, Piment d'Espelette nach Geschmack

Den Orangensaft mit dem Safran aufkochen und auf 125 ml einkochen. Die Milch, die Sahne und die Glukose mischen und aufkochen. Die Eier mit dem Zucker im warmen Wasserbad aufschlagen, langsam das Milch-Sahne-Gemisch zugeben und bis zur Rose abziehen. Den Mascarpone und den Safran-Orangensaft unterrühren und das Ganze mit Piment und etwas Salz abschmecken.

Fenchelsuppe

300 g **Fenchel**
50 g **Kartoffeln**
20 ml **Olivenöl**
20 g **Schalottenwürfel**
10 ml **Pernod**
40 ml **Weißwein**
200 ml **Geflügelfond**
Salz, Pfeffer, Piment d'Espelette
50 ml **Crème fraîche**

Den Fenchel waschen und putzen. Die Kartoffeln schälen. Den Fenchel und die Kartoffeln in gleichmäßige Würfel schneiden. Das Olivenöl in einem Topf erhitzen. Die Schalotten, den Fenchel und die Kartoffeln darin anschwitzen. Das Gemüse mit dem Pernod und dem Weißwein ablöschen, kurz einkochen lassen und mit dem Geflügelfond auffüllen. Ca. 30 Minuten köcheln lassen. Die Suppe in einen Mixbehälter geben und pürieren, danach durch ein Passiersieb geben. Die Crème fraîche zugeben, abschmecken und kalt stellen.

023

Geeister Fenchel

200 g **Mini-Fenchel**
200 g **Wasser**
400 g **Eiswürfel**
Olivenöl, Limonensaft, Salz, schwarzer Pfeffer, Piment d'Espelette

Den Fenchel waschen, putzen, sehr dünn hobeln und zusammen mit dem Wasser und dem Eis in eine Schüssel geben. Den Fenchel etwa 30 Minuten im Wasser belassen, dann herausnehmen und trocken tupfen. Mit den Gewürzen, dem Öl und dem Limonensaft abschmecken.

Anrichten

Die Suppe in tiefe Teller geben, das Tatar hineinsetzen, je eine Nocke Eis auf das Tatar geben und mit dem geeisten Fenchel garnieren.

Weinempfehlung

2006 Oestricher Doosberg
Riesling Kabinett trocken
Josef Spreitzer
Rheingau

TOMATENSUPPE
CHORIZO-EIS, GEFÜLLTE TOMATE

Für 4 Personen

Suppe

8 reife Tomaten
10 Blätter Basilikum
weißer Aceto Balsamico, Salz, Pfeffer
2 Eigelb
70 ml Traubenkernöl
70 ml Olivenöl
weißer Aceto Balsamico, Salz, Pfeffer, Piment d'Espelette

Die Tomaten waschen, vom Strunk befreien und vierteln. Die Tomatenviertel mit den Basilikumblättern und den Gewürzen in einen Mixer geben, pürieren. Das Püree in einem Tuch abhängen und den Saft auffangen.
Aus den Eigelben, dem Öl und den Gewürzen eine Mayonnaise herstellen. Den Tomatensaft mit der Mayonnaise in die gewünschte Konsistenz bringen und nochmals abschmecken. Im Kühlschrank kalt stellen.

Chorizo-Eis

140 g Chorizo
150 g Kirschtomaten
35 ml Tomatenessig
350 ml Saft von abgehangenen Tomaten
70 g Glukose
1 EL Zucker
Salz, Pfeffer, Thymian, Piment d'Espelette

Die Chorizo würfeln und in einem Topf leicht anschwitzen. Die übrigen Zutaten zugeben und kurz aufkochen. Alles in einen Mixer geben, pürieren, durch ein Sieb passieren und abschmecken. Abkühlen lassen und gefrieren.

Gefüllte Tomate

4 **Cherrytomaten**
1 **Tomate**
30 g **Lardo di Colonnata (weißer Speck aus der Toskana, in Marmor gereift)**
½ **Schalotte**
1 **Knoblauchzehe**
Basilikum, Salz, Pfeffer, Piment d'Espelette, Olivenöl, Balsamico

Die Cherrytomaten kurz überbrühen, häuten und entkernen. Die Tomate ebenfalls überbrühen, häuten und entkernen. Die Tomate auf ein Backblech legen, salzen, pfeffern, mit Olivenöl beträufeln und im auf 90 °C vorgeheizten Backofen ca. 3 bis 4 Stunden konfieren.
Den Lardo und 2 konfierte Tomatenfilets in feine Würfel schneiden. Den Lardo in einer heißen Pfanne auslassen, sodass er schön kross wird. Die Schalotte in ganz feine Würfel schneiden und in etwas Olivenöl glasieren. Die Tomatenwürfel, den Lardo und die Schalottenwürfel in eine Schüssel geben. Das Basilikum fein schneiden, unterheben und mit den Gewürzen und dem Essig abschmecken. Die Masse in die Cherrytomaten füllen.

Anrichten

Die Suppe in Tassen füllen und mit Chorizo-Eisnocken und Tomaten auf Tellern anrichten.

Weinempfehlung

2005 Henkenberg***
Grauer Burgunder
Weingut Salwey
Baden

025–028 SUPPEN

Geeiste Suppen: Staudensellerie, Gelbe Bete, Rodelika-Karotten | **Kartoffelsuppe:** Blut- und Leberwurst-Stick | **Taubenconsommé:** Geräucherte Taubenbrust, Wurzelgemüse, Pfifferlinge | **Thunfisch:** Kaltes Apfelsüppchen, Sprossensalat

025

GEEISTE SUPPEN
STAUDENSELLERIE, GELBE BETE, RODELIKA-KAROTTEN

Für 4 Personen

Mayonnaise

2 Eigelb
1 Knoblauchzehe
80 ml Sonnenblumenöl
60 ml Traubenkernöl
Senf, Rotweinessig, Salz, Pfeffer

Alle Zutaten zu einer cremigen Mayonnaise aufschlagen.

Staudensellerie

200 ml Staudenselleriesaft, im Entsafter bereitet
Limonensaft, Salz, Pfeffer, Piment d'Espelette (baskischer Pfeffer)
40 g der o. g. Mayonnaise

Den Staudenselleriesaft langsam in die Mayonnaise einrühren, abschmecken und kalt stellen.

Gelbe Bete

200 ml Gelbe-Bete-Saft, im Entsafter bereitet
weißer Aceto Balsamico, Honig, Salz, Pfeffer
40 g der o. g. Mayonnaise

Den Gelbe-Bete-Saft langsam in die Mayonnaise einrühren, abschmecken und kalt stellen.

Rodelika-Karotten

200 ml Rodelika-Karottensaft, im Entsafter bereitet
Rotweinessig, Limonensaft, einige Blätter Minze, Salz, schwarzer Pfeffer
40 g der o. g. Mayonnaise

Den Rodelika-Karottensaft langsam in die Mayonnaise einrühren, abschmecken und kalt stellen.

Anrichten

Die 3 gekühlten Suppen in kleinen Tässchen servieren.

Weinempfehlung

2006 Riesling
Diamond Label
Rosemount
Mc Laren Vale

025

KARTOFFELSUPPE
BLUT- UND LEBERWURST-STICK

Für 6 Personen

Kartoffelsuppe

40 g **Speckwürfel**
20 g **Butter**
40 g **Karottenwürfel**
40 g **Selleriewürfel**
40 g **Lauchwürfel**
40 g **Schalottenwürfel**
20 g **Steinpilz- oder Champignon-Würfel**
300 g **Kartoffelwürfel**
1 l **Geflügelfond (siehe Rezept 003)**
Majoran, Salz, schwarzer Pfeffer, Muskat, Kümmel

Die Speckwürfel in einem heißen Topf auslassen. Die Butter, die Gemüsewürfel, die Schalotten und die Pilze zugeben und glasieren. Dann die Kartoffelwürfel zugeben, mit dem Geflügelfond auffüllen und 30 bis 45 Minuten köcheln lassen. Alle Gewürze und Kräuter zugeben, die Suppe in einem Mixer oder in der Flotten Lotte pürieren und abschmecken.

Blut- und Leberwurst-Stick

4 **Scheiben Tramezzini**
1 **Vollei**
80 g **streichfähige Hausmacher-Leberwurst**
80 g **streichfähige Hausmacher-Blutwurst**
20 g **Schweineschmalz**
Majoran, Rosmarin

Die Tramezzini-Scheiben diagonal halbieren. Das Ei verquirlen und die Tramezzini damit bepinseln. Die Hälfte der Tramezzini mit Leberwurst bestreichen und kleine Röllchen formen. Die andere Hälfte der Tramezzini mit Blutwurst bestreichen und ebenfalls zu Röllchen formen. Die so entstandenen Sticks in einer Pfanne mit dem heißen Schmalz und den Kräutern goldgelb braten.

Anrichten

Die Kartoffelsuppe in Tassen oder tiefe Teller geben und die Sticks dazu reichen.

Weinempfehlung

2004 Condrieu
Saint Cosme
Côtes-du-Rhône

027

TAUBENCONSOMMÉ
GERÄUCHERTE TAUBENBRUST, WURZELGEMÜSE, PFIFFERLINGE

Für 4 bis 6 Personen

Consommé

2 ½ kg Taubenkarkassen
30 ml Pflanzenöl
80 g Knollenselleriewürfel
80 g Schalottenwürfel
80 g Karottenwürfel
50 g Lauchwürfel
10 g Tomatenmark
80 ml roter Portwein
80 ml Madeira
80 ml Rotwein
40 ml Sherry
2 ½ l Geflügelfond (s. Rezept 003)
Petersilie, Kerbel, Lorbeer, Nelke, Wacholder, Koriander, Piment
400 g Taubenkeulenfleisch
1 Eiweiß
200 g Wurzelgemüse
200 g Pfifferlinge, sauber geputzt
Petersilie, Kerbel
nochmals Petersilie, Kerbel, Lorbeer, Nelke, Wacholder, Koriander, Piment

In einem Topf die walnussgroßen Taubenkarkassenstücke in etwas Pflanzenöl goldbraun anrösten. Die Karkassen herausnehmen und beiseitestellen. Das Gemüse ebenfalls hell anrösten, Tomatenmark zugeben und vorsichtig weiterrösten. Den Portwein, den Madeira, den Rotwein und den Sherry nach und nach zugeben und immer wieder den Bodensatz entfernen. Die Karkassen wieder in den Topf geben und mit dem Geflügelfond auffüllen. Langsam aufkochen lassen, den dabei entstehenden Schaum immer wieder abnehmen. Gewürze in ein Säckchen füllen und dazugeben, alles ca. 3 Stunden leise köcheln lassen. Danach vorsichtig durch ein Tuch passieren. Über Nacht kalt stellen.

Das Taubenfleisch zusammen mit dem Eiweiß, dem Gemüse und den Pfifferlingen durch einen Fleischwolf drehen und kalt stellen. Danach das Fleisch langsam und vorsichtig unter den Taubenfond rühren. Gewürze nach Geschmack zugeben und ganz langsam aufkochen lassen, dabei darauf achten, dass nichts am Topfboden ansetzt. Wenn das Consommé aufkocht, noch ca. 30 Minuten leise simmern lassen. Abschmecken und vorsichtig Kelle für Kelle durch ein Tuch passieren.

Taubenbrust

4 Taubenbrüste (à ca. 50 g)
Salz, Pfeffer
20 ml Pflanzenöl
20 g Räuchermehl
Alufolie

Die Taubenbrüste in einer Pfanne mit dem Pflanzenöl auf der Hautseite kross braten. Den Backofen auf 100° C vorheizen. Die Taubenbrüste auf Alufolie in den Backofen geben. Das Räuchermehl in eine sehr heiße Pfanne geben und sofort in den Backofen stellen. Etwa 10 Minuten anräuchern. Gegebenenfalls die Taubenbrüste nochmals kurz im Backofen nachgaren – sie sollten schön rosa sein.

027

Wurzelgemüse

40 g **Karottenjulienne**
40 g **Selleriejulienne**
40 g **Lauchjulienne**

Das Gemüse in wallendem Salzwasser blanchieren.

Pfifferlinge

160 g **Pfifferlinge**
wenig Olivenöl, Salz, Pfeffer

Die Pfifferlinge putzen, kurz waschen und sofort gut abtupfen. In der Pfanne kurz anbraten und würzen.

Anrichten

Die Pfifferlinge mit dem Gemüse und den Taubenbrüstchen auf Tellern anrichten und mit der Consommé auffüllen.

Weinempfehlung

2004 Schlatter Maltesergarten
Spätburgunder
Martin Waßmer
Baden

THUNFISCH
KALTES APFELSÜPPCHEN, SPROSSENSALAT

Für 4 Personen

Apfelsüppchen

5 **Äpfel (Granny Smith)**
30 g **Zucker**
200 ml **Apelsaft, frisch gepresst**
1 Stück **Zitronengras**
1 **Limettenblatt**
1 **Limone**
100 ml **Apfelpüree**
Salz, Piment d'Espelette

Die ganzen Äpfel (mit Schale und Gehäuse) in kleine Würfel schneiden. Den Zucker in einem Topf hellbraun karamellisieren. Die Apfelwürfel zugeben und den Karamell mit dem Apfelsaft ablöschen. Das Zitronengras klein schneiden und mit dem Limettenblatt zu den Äpfeln geben. Etwas Limonenabrieb zugeben und kurz aufkochen. Zum Schluss das Apfelpüree zugeben und alles pürieren. Mit etwas Salz, Piment und Limonensaft abschmecken und kalt stellen.

Thunfisch

300 g **Thunfisch**
20 g **Salz**
1 g **Bergpfeffer**
1 g **Laospfeffer**
Limonenzesten, Piment d'Espelette, Sternanis
5 ml **Olivenöl**
1 ml **Sesamöl**

Den Thunfisch in Riegel schneiden. Das Salz mit den übrigen Zutaten in einen Mörser geben und fein mörsern. Den Thunfisch damit würzen und mit dem Öl in einer Pfanne kurz von allen Seiten anbraten.

Salat

etwas Olivenöl, Rotweinessig, Salz, Pfeffer
5 g **Shizokresse**
5 g **Rote-Bete-Sprossen**
5 g **Zwiebelsprossen**
5 g **Daikonkresse**
2 g **Friséesalat**

Aus Olivenöl, Rotweinessig und den Gewürzen eine Marinade herstellen und abschmecken. Den Salat darin wenden.

Anrichten

Den Thunfisch im Apfelsüppchen anrichten und mit dem Salat ausgarnieren.

Weinempfehlung

2005 Grauburgunder Classic
Armin Diel
Nahe

029–033 VEGETARISCH

Artischocke: Rohe Artischocke, gebraten, Perigord-Trüffel | **Cavatelli:** Lauch, Pfifferlinge, Tomaten | **Cannellone:** Paprika, Fenchel | **Spargelrisotto:** Roher Salat, Spargelspitzen | **Tortellini:** Ricotta-Basilikumfüllung, Artischocken, Kapern

029

ARTISCHOCKE
ROHE ARTISCHOCKE, GEBRATEN, PERIGORD-TRÜFFEL

Für 4 Personen

Artischocken

400 ml **Wasser**
1 **Zitrone**
4 **große Artischocken**
20 ml **Olivenöl**
Rosmarin, Thymian, Salz, Pfeffer
40 g **Perigord-Trüffel**
einige Blätter Friséesalat
frische Kräuter

Das Wasser in eine Schüssel geben und mit dem Saft der Zitrone mischen. Die Artischocken putzen, die Spitzen abschneiden und das Heu entfernen. Die Artischockenböden in das Zitronenwasser legen. Zwei Böden wie eine Torte aufschneiden und mit dem Olivenöl in einer Pfanne anbraten. Die Kräuter zugeben und die Artischocken würzen. Die anderen beiden Böden dünn hobeln und wieder ins Wasser geben.

Trüffeldressing

95 g **Trüffelabschnitte**
30 ml **roter Portwein**
20 ml **Geflügelfond**
2 EL **alter Aceto Balsamico**
8 EL **Rotweinessig**
5 EL **mildes Olivenöl**
6 EL **Sonnenblumenöl**
Salz, Zucker, schwarzer Pfeffer

Die Trüffelabschnitte fein hacken und in etwas Olivenöl anschwitzen. Mit dem Portwein ablöschen und einkochen lassen. Den Geflügelfond zugeben und wieder einkochen lassen. Den Aceto Balsamico und den Rotweinessig zugeben, dann langsam das Olivenöl und das Sonnenblumenöl einrühren. Mit Salz, Zucker und schwarzem Pfeffer abschmecken. Die rohen Artischocken in diesem Trüffeldressing marinieren.

Anrichten

etwas Trüffeljulienne

Den Salat von rohen Artischocken auf Tellern anrichten, die gebratenen Artischocken dazugeben, mit Trüffeljulienne bestreuen und mit dem Frisée ausgarnieren.

Weinempfehlung

2005 Sancerre
Château de Sancerre
Loire

030

CAVATELLI
LAUCH, PFIFFERLINGE, TOMATEN

Für 4 Personen

Lauchbutter

250 g **Lauch**
100 g **Butter**
Salz

Den Lauch putzen, in Ringe schneiden und in heißem Salzwasser blanchieren. Die Lauchringe zusammen mit der flüssigen Butter in einen Mixer geben und pürieren.
Das Püree durch ein Sieb passieren.

Cavatelli

500 g **mehlig kochende Kartoffeln**
375 g **Mehl**
5 EL **Olivenöl**
3 **Eigelb**
Salz, Pfeffer, Muskat

Die Kartoffeln schälen und in Salzwasser weich kochen. Die garen Kartoffeln gut ausdämpfen lassen und 375 g abwiegen. Diese zusammen mit den übrigen Zutaten zu einem Teig verkneten. Den Teig halbieren und eine Hälfte mit der Lauchbutter einfärben, beide Hälften abschmecken und 1 Stunde ruhen lassen. Den weißen und den grünen Teig zu Röllchen formen, diese in gleichmäßige kleine Stücke schneiden und leicht andrücken. Die fertig abgedrehten Cavatelli in kochendem Salzwasser etwa 3 Minuten kochen, dann herausnehmen und abtropfen lassen.

Gemüse

1 **Lauchstange**
20 ml **Olivenöl**
100 g **Pfifferlinge**
20 g **Schalottenwürfel**
80 ml **Gemüsefond**
16 **konfierte Kirschtomaten**
1 **Lorbeerblatt**
20 g **Butter**
20 ml **Olivenöl**

Den Lauch putzen, in gleichmäßige Ringe schneiden und in dem Olivenöl leicht anbraten. Die Lauchringe herausnehmen und die Pfifferlinge in der Pfanne anbraten. Die Schalottenwürfel zugeben und leicht anschwitzen. Mit dem Gemüsefond ablöschen, die übrigen Gemüse und die Cavatelli zugeben. Kurz aufkochen lassen, abschmecken und mit Öl und Butter leicht emulgieren.

Anrichten

Die Cavatelli mit dem Gemüse anrichten und mit Kräutern garniert servieren.

Weinempfehlung

2005 Gavi dei Gavi
Etichetta Nera
La Scolca
Piemont

CANNELLONE
PAPRIKA, FENCHEL

Für 4 Personen

Cannelloni

2 rote Paprika
2 gelbe Paprika
30 ml Olivenöl
2 Knoblauchzehen
Thymian, Rosmarin, Salz, Pfeffer

Die Paprika waschen, unten leicht über Kreuz einschneiden und auf ein Backblech legen. Etwas salzen, Olivenöl, Kräuter und den gepressten Knoblauch dazugeben und 20 bis 30 Minuten im auf 220 °C vorgeheizten Backofen garen. Danach die Paprika abkühlen lassen und die Haut abziehen. Für die Röllchen in Rechtecke schneiden und zur Seite stellen.

Füllung

1 kg grobes Meersalz
300 g Kartoffeln
1 Eigelb
20 g grüne Oliven
20 g schwarze Oliven
Thymian, Salz, Pfeffer, Muskat
Alufolie

Das Salz auf ein Backblech geben und die ganzen Kartoffeln hineinlegen. Das Blech in den auf 180 °C vorgeheizten Backofen geben und garen, bis die Kartoffeln ganz weich sind. Die Kartoffeln herausnehmen, schälen, durch eine Presse drücken und ausdampfen lassen. Das Eigelb und die fein gehackten Oliven unter die Kartoffelmasse geben und mit den Gewürzen abschmecken. Den Thymian fein hacken und zugeben. Die Kartoffelmischung zu einem Teig verkneten und diesen in die Paprikaröllchen füllen. In Folie wickeln und bei 80 °C ca. 8 Minuten im Dampfgarer dämpfen.

Geeister Fenchelsalat

1 Fenchelknolle
400 g Eiswürfel
200 ml Wasser
Salz, Pfeffer, Olivenöl, Limettensaft, Piment d'Espelette (baskischer Pfeffer)

Den Fenchel dünn hobeln. Das Wasser und die Eiswürfel in eine Schüssel geben und den Fenchel darin eine halbe Stunde liegen lassen, damit er schön knackig wird. Den Fenchel herausnehmen, gut abtupfen und mit dem Olivenöl, dem Limettensaft und den Gewürzen abschmecken.

031

Anrichten

Den Fenchelsalat mit den Paprika-Cannelloni auf vorgewärmten Tellern anrichten.

Weinempfehlung

2001 Fumé Blanc
Robert Mondavi
Napa Valley

SPARGELRISOTTO
ROHER SALAT, SPARGELSPITZEN

Für 4 Personen

Risotto

50 g **Schalottenwürfel**
15 g **Butter**
250 g **Acquerello-Reis**
40 ml **Weißwein**
750 ml **Spargelfond**
50 g **weißer Spargel, gewürfelt**
50 g **grüner Spargel, gewürfelt**
Salz, Limone, Pfeffer, Piment d'Espelette, Limonensaft
20 g **kalte Butter**
20 g **geschlagene Sahne**
10 g **Parmesan**

Die Schalottenwürfel in der Butter glasig schwitzen. Den Reis zugeben und etwas mitschwitzen. Mit Weißwein ablöschen. Den Spargelfond einmal aufkochen und unter ständigem Rühren nach und nach zu dem Reis geben. Die Spargelwürfel zugeben und noch etwas mitgaren. Den Risotto abschmecken, dann die geschlagene Sahne, die kalte Butter und den Parmesan unterrühren.

Spargelsalat

90 g **grüner Spargel**
90 g **weißer Spargel**
15 ml **Traubenkernöl**
1 **Limone**
Salz, Zucker, Piment d'Espelette

Den grünen Spargel putzen, den weißen Spargel schälen. Beide Spargelsorten dünn aufhobeln und in eine Schüssel geben. Mit den Gewürzen, dem Traubenkernöl und dem Saft der Limone abschmecken.

032

Dekoration zum Anrichten

2 **Orangen**

Die Orangen schälen, filetieren, zu dem Salat geben und mitmarinieren.

Anrichten

Den Risotto auf Tellern anrichten, mit dem Salat und den Orangenfilets ausgarnieren.

Weinempfehlung

2006 Steirische Klassik
Sauvignon Blanc
Weingut Neumeister
Steiermark

TORTELLINI
RICOTTA-BASILIKUMFÜLLUNG, ARTISCHOCKEN, KAPERN

Für 4 Personen

Nudelteig

4 Eigelb
3 Eier
400 g Nudelgrieß
1 EL Olivenöl
Salz

Die Eigelbe und die Eier mit Salz verrühren und 30 Minuten ruhen lassen. Den Nudelgrieß und das Olivenöl zugeben und zu einem Teig kneten. Den Teig mindestens 1 Stunde ruhen lassen. Den Nudelteig dünn ausrollen und Kreise ausstechen.

Füllung

10 g Pinienkerne
125 g Ricotta
40 g Basilikumpesto
2 Eigelb
Salz, Pfeffer, Muskat

Die Pinienkerne rösten und fein hacken. Mit den übrigen Zutaten vermengen und abschmecken. Die Nudelteigkreise damit füllen und zu Tortellini formen.

Artischocken-Tomatenfond

30 g Sellerie
30 g Karotten
30 g Staudensellerie
30 g Lauch
1 Knoblauchzehe
30 g Schalotten
20 ml Olivenöl
6 Tomaten
500 ml Geflügelfond
(siehe Rezept 003)
Honig, Rosmarin, Salz, Pfeffer,
Piment d'Espelette, Aceto Balsamico
30 g Basilikumpesto
20 g Butter
20 ml Olivenöl

Die Gemüse, den Knoblauch und die Schalotten in Olivenöl anschwitzen. Die geviertelten Tomaten zugeben, den Geflügelfond auffüllen und auf ein Drittel der Menge einkochen. Den Fond passieren und abschmecken. Mit dem Pesto, der Butter und dem Olivenöl leicht binden.

033

Gemüse

2 **Artischocken**
400 ml **Wasser**
1 **Zitrone**
16 **reife Cherrytomaten**
Olivenöl, Rosmarin, Thymian, Salz, Pfeffer, Piment d'Espelette
30 g **Kapern aus Salina**
Friséesalat, Rote-Bete-Sprossen

Die Artischocken putzen und in Tortenstücke schneiden. Das Wasser in eine Schüssel geben und den Saft der Zitrone zufügen. Die Artischocken hineingeben.
Die Tomaten kurz blanchieren, enthäuten und mit Olivenöl, den Kräutern und den Gewürzen im auf 120 °C vorgeheizten Backofen etwa 1 Stunde trocknen.
10 g der Kapern kurz frittieren und für die Garnitur beiseitestellen.

Anrichten

Den Artischocken-Tomaten-Fond kurz erhitzen. Alles auf Tellern anrichten und mit Sprossen, Frisée und frittierten Kapern ausgarnieren.

Weinempfehlung

2002 Cuvée Lais
Domaine Oliver Pithon
Roussillon

034–047 FISCH

Aal aus dem Stechlinsee: Wasabirisotto, Staudensellerie | **Atlantik-Steinbutt & Kalbszunge:** Kartoffel-Morchel-Fondue, Bärlauchpistou | **Havelzander:** Kaffee-Orangen-Karotten, Estragonpistou | **Hecht aus dem Greifswalder Bodden:** Serranofond, Vogelmiere | **Jakobsmuschel:** Blumenkohl-Graupen, Perigord-Trüffel | **Loup de Mer:** Fenchelbranade, Oliven, Chorizo | **Ostseelachs:** Gratiniert, wilder Spargel, Kräuter | **Palourdes & Seeteufel:** Mediterranes Gemüse, Safran | **Safranrisotto:** Thunfisch, Wildkräutersalat, Gremulata | **Seesaibling:** Konfiert, Ingwer-Wasabi-Gurken | **Seeteufel:** Pinienkern-Oliven-Kruste, Zucchini, Mandarinenöl | **Seezunge:** Physalis, Tomaten, Estragonpistou | **Steinbutt:** Katalanische Tomaten, Parmesansauce, Basilikum | **St. Pierre:** Geschmolzene Tomaten, Lardo di Colonnata, Estragon-Tortellini

Hugos

Hugos
Hugos

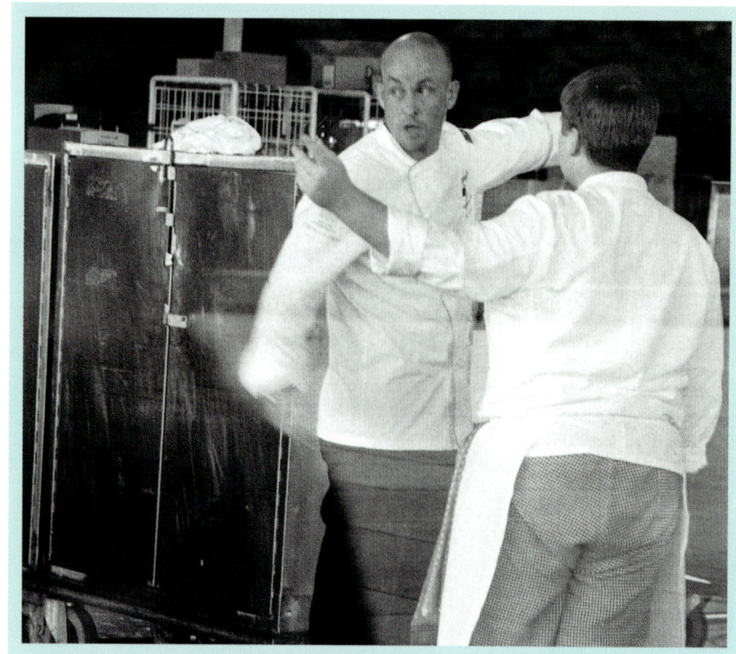

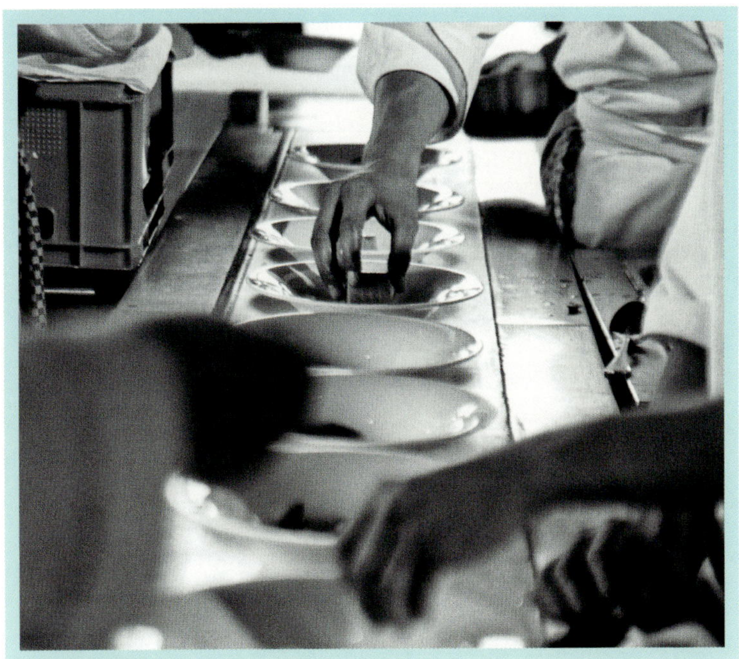

AAL AUS DEM STECHLINSEE
WASABIRISOTTO, STAUDENSELLERIE

Für 4 Personen

Spinatmatte (Spinatfarbe)

200 g **Spinat**
100 ml **Wasser**

Den Spinat waschen und mit dem Wasser im Mixer sehr fein mixen. Den entstandenen Saft in einem Topf sehr langsam zum Kochen bringen. Dabei setzt sich oben die Matte ab. Diese vorsichtig abnehmen und in eine Schüssel geben. Die Schüssel sofort auf Eis setzen, damit die Spinatmatte schnell abkühlt.

Risotto

15 g **Butter**
50 g **Schalottenwürfel**
250 g **Acquerello-Reis**
40 ml **Weißwein**
750 ml **Geflügelfond**
15 g **Wasabipaste (erhältlich im Asialaden)**
10 g **der o. g. Spinatmatte**
Salz, Limone, Pfeffer, Piment d'Espelette (baskischer Pfeffer)
20 g **kalte Butter**
20 g **geschlagene Sahne**
15 g **Parmesan, gerieben**

Die Butter in einem Topf erhitzen und die Schalottenwürfel darin glasig schwitzen. Den Reis zugeben und etwas mitschwitzen, dann mit dem Weißwein ablöschen. Den Geflügelfond einmal aufkochen und unter ständigem Rühren nach und nach zu dem Risotto geben. Die Wasabipaste und Spinatmatte unterrühren. Den Risotto mit den Gewürzen abschmecken und die geschlagene Sahne, die kalte Butter und den Parmesan unterrühren.

Aal

400 g **Räucheraalfilet**
80 g **Honig**
80 g **Sojasauce**
80 g **Sesamöl**
1 **Chilischote**
1 **Knoblauchzehe**
etwas Speisestärke

Den Aal portionieren. Honig, Sojasauce, Sesamöl, Chilischote und Knoblauch zusammen aufkochen und mit etwas Speisestärke binden. Den Aal in die warme Marinade legen, bis er lauwarm ist.

034

Geeister Staudensellerie

200 g **Staudensellerie**
200 ml **Wasser**
400 g **Eiswürfel**
Olivenöl, Limonensaft, Salz, schwarzer Pfeffer, Piment d'Espelette

Den Staudensellerie waschen, putzen und die Fäden entfernen. Die Stangen sehr dünn hobeln. Die Selleriespäne mit dem Wasser und dem Eis in eine Schüssel geben. Die Selleriespäne etwa ½ Stunde darin belassen, dann herausnehmen und trocken tupfen. Mit den Gewürzen, dem Öl und dem Limettensaft abschmecken.

Anrichten

Den Aal auf dem Risotto anrichten, den marinierten Staudensellerie daraufsetzen.

Weinempfehlung

2005 Kammerner Renner
Grüner Veltliner
Schloss Gobelsburg
Kamptal

ATLANTIK-STEINBUTT & KALBSZUNGE
KARTOFFEL-MORCHEL-FONDUE, BÄRLAUCHPISTOU

Für 4 Personen

Kalbszunge

1 **Milchkalbszunge (ca. 500 g)**
80 g **Pökelsalz**
1 ½ l **Wasser**
400 g **Wurzelgemüse**
Lorbeer, Pfeffer, Nelke, Wachholder, Koriander

Das Pökelsalz in dem Wasser auflösen. Einen Teil davon in eine Spritze füllen und die Zunge gleichmäßig mit Salzwasser besprühen. Die Zunge dann zusammen mit den Gewürzen in das restliche Wasser geben und drei Tage darin pökeln.
Die Zunge in kaltem Wasser aufsetzen und langsam zum Köcheln bringen. Den dabei entstehenden Schaum abnehmen. Die Gewürze und das Gemüse zugeben und die Zunge gar ziehen lassen. (Die Zunge ist gar, wenn die Zungenspitze weich ist.)
Die gare Zunge herausnehmen, kurz in Eis abschrecken, von der Haut befreien und in dünne Scheiben schneiden.

Steinbutt

50 g **Steinbuttfiletabschnitte**
50 ml **Sahne**
Salz, Pfeffer, Piment d'Espelette (baskischer Pfeffer)
400 g **Steinbuttfilet**
Klarsichtfolie zum Einschlagen

Aus den Steinbuttfiletabschnitten und der Sahne eine Farce herstellen und kräftig würzen. Die Farce dünn auf die Kalbszungenscheiben streichen und die portionierten Steinbuttfilets sauber darin einschlagen. Vorsichtig und fest in Klarsichtfolie einschlagen.
Bei 70 °C ca. 10 Minuten unter Dampf garen.

Bärlauchpistou

100 g **Bärlauch**
25 ml **Rapsöl**
25 ml **Olivenöl**
Salz, Pfeffer

Den gewaschenen, gezupften Bärlauch in einen Mixer geben und zusammen mit dem Rapsöl mixen. Olivenöl je nach gewünschter Konsistenz zugeben und mit den Gewürzen abschmecken.

035

Kartoffel-Morchel-Fondue

80 g dicke Bohnen
Salz, Bohnenkraut
1 Schalotte
2 Knoblauchzehen
20 ml Olivenöl
100 g Morchelabschnitte
etwas Sherry
300 ml Geflügelfond
20 g Schalotten
20 g Butter
200 g Kartoffelwürfel (vorwiegend festkochend)
150 ml Morchelfond
100 g Morcheln
20 ml Olivenöl
20 g Schalotten
etwas Sherry
Salz, Pfeffer, Rotweinessig, Piment d'Espelette (baskischer Pfeffer), Bärlauch

Die dicken Bohnen in wallendem gesalzenem Wasser blanchieren. Die blanchierten Bohnen in Eiswasser abschrecken, schälen und die Kerne bereitlegen.
Die Schalotten und den Knoblauch in feine Würfel schneiden und in dem Olivenöl glasieren. Die gesäuberten Morchelabschnitte zugeben und weiter glasieren. Mit Sherry ablöschen, den Geflügelfond auffüllen und leise köchelnd um die Hälfte einkochen. Den Morchelfond durch ein Sieb passieren und beiseite stellen.
Die Schalottenwürfel in der Butter glasig dünsten. Die Kartoffeln zugeben, mit dem Morchelfond auffüllen und weich kochen.
Für die Morcheln eine Pfanne erhitzen. Das Olivenöl hineingeben und die Morcheln sanft darin anbraten. Schalotten zugeben, etwas mitglasieren und mit ein wenig Sherry ablöschen.
Die Morcheln und die dicken Bohnenkerne zu den Kartoffeln geben. Abschmecken und den Fond emulgieren. Den Bärlauch in feine Streifen schneiden und zugeben.

Anrichten

Den Steinbutt auf dem Kartoffel-Morchel-Fondue anrichten. Nach Belieben vorsichtig etwas Bärlauchpistou darüberträufeln.

Weinempfehlung

2005 Chardonnay »R«
Spätlese trocken
H. J. Rebholz
Pfalz

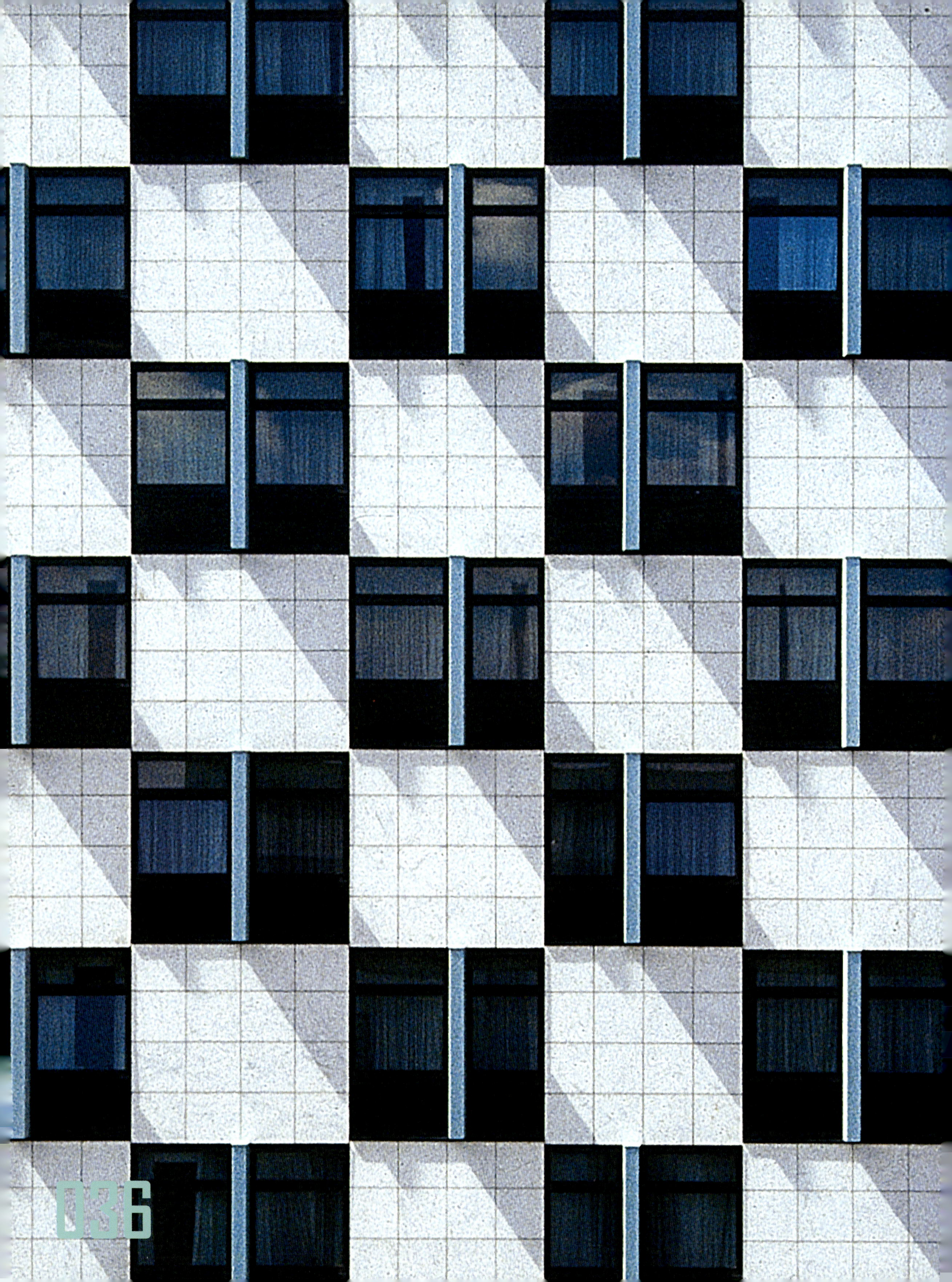
036

HAVELZANDER
KAFFEE-ORANGEN-KAROTTEN, ESTRAGONPISTOU

Für 4 Personen

Zander

1 ganzer Zander (ca. 800–1000 g)
Salz, Piment d'Espelette
Olivenöl zum Braten

Den Zander schuppen, ausnehmen und filetieren. Die Gräten herausschneiden und die Haut leicht einritzen. Den Zander leicht würzen und in etwas Olivenöl auf der Hautseite bei mittlerer Hitze kross braten.

Kaffee-Orangen-Karotten

50 g Zucker
400 ml Orangensaft
1 Sternanisfrucht
1 Stück Zitronengras, fein geschnitten
20 g ganze Kaffeebohnen
etwas Speisestärke
6 große Karotten
frischer Estragon

Den Zucker in einem Topf ohne Fettzugabe leicht karamellisieren. Sobald der Karamell bräunt, mit dem Orangensaft ablöschen und Zitronengras, Sternanis und Kaffeebohnen hinzugeben. Die Mischung auf ⅓ der Menge einkochen, passieren und den Fond mit der Speisestärke binden.
Die Karotten in gleichmäßige Scheiben schneiden und in dem Sud garen. Kurz vor dem Anrichten noch etwas fein geschnittenen Estragon zugeben.

Estragonpistou

1 Bund Estragon
50 ml Olivenöl
Salz, Pfeffer

Den Estragon waschen, zupfen und mit etwas Olivenöl fein mixen. Mit Salz und Pfeffer würzen. (Das Pistou sollte eine leicht dickliche Konsistenz haben.)

Anrichten

Die Karottenscheiben in der Mitte der Teller anrichten, rechts und links davon das Pistou in feinen Streifen aufbringen, den Fisch auf die Karotten setzen.

Weinempfehlung

2003 Chardonnay Tiglat
Weingut Velich
Burgenland

037

HECHT AUS DEM GREIFSWALDER BODDEN
SERRANOFOND, VOGELMIERE

Für 4 Personen

Hecht

600 g **Hechtfilet**
Salz, Piment d'Espelette (baskischer Pfeffer)
40 ml **Olivenöl**
20 g **Butter**
1 **Lorbeerblatt**

Den Hecht entgräten, von der Haut ziehen und portionieren. Die Hechtstücke mit Salz und Piment d'Espelette würzen. Eine Pfanne erhitzen, das Olivenöl hineingeben und den Hecht langsam darin braten. Das Olivenöl abgießen und den Hecht zusammen mit dem Lorbeer in der Butter nachbraten.

Serranofond

150 g **Serranoschinkenabschnitte**
2 **Schalotten**
1 **Knoblauchzehe**
30 ml **Olivenöl**
1 **Lorbeerblatt**
700 ml **Geflügelfond**
20 g **Butter**
40 g **feine Karottenwürfel**
40 g **feine Selleriewürfel**
40 g **feine Lauchwürfel**
25 g **Sago**
Rotweinessig, Piment d'Espelette (baskischer Pfeffer), schwarzer Pfeffer

Den Schinken und die Schalotten in Würfel schneiden und mit der Knoblauchzehe in dem Olivenöl glasieren. Das Lorbeerblatt dazugeben und mit dem Geflügelfond auffüllen. Langsam auf etwa die Hälfte einkochen lassen, passieren und den Fond beiseitestellen.
Das Gemüse in der Butter glasieren, den Sago zugeben und mit 350 ml des Schinkenfonds auffüllen. Den Sago darin langsam quellen lassen, den Fond abschmecken.

Salat

100 g Vogelmiere
40 ml Geflügelfond
10 ml alter Aceto Balsamico
5 g feiner Dijonsenf
40 ml Traubenkernöl
40 ml Olivenöl
Salz, Pfeffer, Honig, etwas Kürbiskernöl

Aus den Zutaten ein Dressing herstellen und die Vogelmiere darin marinieren.

Anrichten

Den Hecht im Serranofond anrichten und dekorativ mit dem Salat garnieren.

Weinempfehlung

2005 Weißer Burgunder »S«
Weingut Wittmann
Rheinhessen

JAKOBSMUSCHEL
BLUMENKOHL-GRAUPEN, PERIGORD-TRÜFFEL

Für 4 Personen

Jakobsmuscheln

8 Jakobsmuscheln
Salz, Piment d'Espelette (baskischer Pfeffer)
Olivenöl zum Braten
20 g Butter
1 Lorbeerblatt

Die Jakobsmuscheln ausbrechen, putzen und unter kaltem Wasser abspülen. Die Muscheln trocken tupfen und würzen. Eine Pfanne erhitzen, dann das Olivenöl hineingeben und die Jakobsmuscheln von beiden Seiten glasig braten. Das Bratöl abgießen, die Butter und das Lorbeerblatt hineingeben und die Muscheln kurz nachbraten.

Blumenkohlpüree

2 Schalotten
20 g Butter
250 g Blumenkohl
200 ml Sahne
100 ml Geflügelfond
Salz, Muskat

Die Schalotten in feine Würfel schneiden. Die Butter in einem Topf erhitzen und die Schalottenwürfel darin glasieren. Den klein geschnittenen Blumenkohl zugeben, mit der Sahne und dem Fond auffüllen. Den Blumenkohl sehr weich kochen, fein pürieren und mit Salz und Muskat abschmecken.

Graupen

1 Schalotte
10 g Butter
80 g Graupen (Roll- oder Kochgerste)
40 ml Noilly Prat
240 ml Geflügelfond
50 g feine Blumenkohlröschen
4 EL des o. g. Blumenkohlpürees
Salz, Pfeffer, Muskat

Die Schalotten in feine Würfel schneiden. Die Butter in einem Topf erhitzen und die Schalottenwürfel darin glasieren. Die Graupen zugeben und kurz mitglasieren und mit dem Noilly Prat ablöschen. Den Geflügelfond nach und nach unter ständigem Rühren zugeben. Wenn die Graupen fast fertig sind, die Blumenkohlröschen zugeben und etwas mitgaren. Zum Schluss das Blumenkohlpüree zugeben und mit Salz, Pfeffer und Muskat abschmecken.

038

Trüffel

80 g **Perigord-Trüffel**
50 ml **Geflügelfond**
(siehe Rezept 003)
Salz

Den Perigord-Trüffel dünn aufschneiden und kurz in dem Geflügelfond garen. Mit Salz abschmecken.

Sauce

40 ml **des o. g. Trüffel-Blanchierfonds**
50 ml **Trüffelfond, doppelt konzentriert**
30 ml **weißer Portwein**
100 ml **Geflügeljus**
Rotweinessig

Den Blanchierfond mit dem doppelt konzentrierten Trüffelfond einkochen lassen. Den weißen Portwein zugeben und erneut reduzieren. Mit der Geflügeljus auffüllen und mit Rotweinessig abschmecken.

Anrichten

Die Trüffelscheibchen auf den Graupen anrichten, die Jakobsmuscheln darauflegen und den Teller dekorativ mit der Sauce verzieren.

Weinempfehlung

2005 Weißburgunder & Grauburgunder
Martin Schwarz
Sachsen

LOUP DE MER
FENCHELBRANADE, OLIVEN, CHORIZO

Für 4 Personen

Loup de Mer

60 ml **Olivenöl**
4 Stücke **Loup de Mer (à 120 g)**
Rosmarin, Thymian

40 ml des Olivenöls in einer Pfanne erhitzen. Den Loup de Mer mit der Hautseite nach unten darin anbraten. Wenn der Fisch fast fertig gebraten ist, das Bratöl abschütten. Das restliche Olivenöl und die Kräuter zugeben und den Fisch nachbraten.

Fenchelbranade

200 g **Fenchel**
2 **Schalotten**
1 **Knoblauchzehe**
20 ml **Olivenöl**
40 ml **Pernod**
20 ml **Weißwein**
3 g **Fenchelsaat**
50 g **mehlig kochende Kartoffeln, gewürfelt**
400 ml **Geflügelfond (siehe Rezept 003)**
Salz, Pfeffer, Piment d'Espelette (baskischer Pfeffer)
Olivenöl, Sahne

Den Fenchel waschen und in gleichmäßige Stücke schneiden. Die Schalotten würfeln und zusammen mit dem Fenchel und dem Knoblauch in dem Olivenöl glasieren. Den Weißwein und den Pernod mit der Fenchelsaat langsam einkochen lassen, durch ein Sieb gießen und zu dem Fenchel geben. Kartoffelwürfel dazugeben und mit dem Geflügelfond auffüllen. Weich kochen lassen und mit den Gewürzen abschmecken. Im Mixer pürieren, durch ein Sieb streichen. Mit Olivenöl und etwas Sahne glatt rühren und nochmals abschmecken.

Konfierte Oliven

50 g **Zucker**
100 ml **Wasser**
50 g **schwarze Nizza-Oliven**
Piment d'Espelette (baskischer Pfeffer)

Den Zucker und das Wasser aufkochen und die Oliven darin etwa 30 Minuten köcheln lassen. Würzen und einen Tag marinieren.

039

Chorizo

100 g **Chorizo**
30 ml **Olivenöl**

Die Chorizo in gleichmäßige Würfel schneiden und in dem Olivenöl auslassen. Sie sollte nicht zu trocken werden.

Anrichten

Den Loup de Mer auf der Fenchelbranade anrichten. Rechts und links davon die Chorizo und die Oliven setzen.

Weinempfehlung

2005 Chassagne-Montrachet
Domaine Michel Niellon
Côte d'Or

OSTSEELACHS
GRATINIERT, WILDER SPARGEL, KRÄUTER

Für 4 Personen

Lachs

400 g **Ostseelachsfilet**
Olivenöl
Salz, Piment d'Espelette (baskischer Pfeffer)

Das Lachsfilet entgräten. Die Teller dünn mit Olivenöl bestreichen. Den Lachs in dünne Scheiben schneiden, mit Salz und Piment d'Espelette würzen und auf die Teller legen.

Gratiniersauce

100 ml **Sauce Hollandaise**
50 ml **Fischsauce (siehe Rezept 002)**

Die Fischsauce langsam unter die Sauce Hollandaise rühren. Den Lachs dünn damit bedecken und unter dem Salamander oder unter dem Backofengrill bei 250 °C 2 bis 3 Minuten gratinieren.

Gemüse

320 g **wilder Spargel**
Salz, Butter, Zitronensaft
2 **Tomaten**
Olivenöl, Kräuter, Salz

Den Spargel putzen und in mit Salz, Butter und Zitronensaft abgeschmecktem Wasser blanchieren. Die Tomaten enthäuten, vierteln, entkernen und in Würfel schneiden. Die Tomatenwürfel kurz in etwas Olivenöl erwärmen und abschmecken.

040

Anrichten

Spargel, Tomate und Kräuter auf dem gratinierten Lachs anrichten und servieren.

Weinempfehlung

2005 Pouily-Fumé
de Ladoucette
Loire

041

PALOURDES & SEETEUFEL
MEDITERRANES GEMÜSE, SAFRAN

Für 4 Personen

Palourdes

200 g **Palourdes (Venusmuscheln)**
20 g **Karottenwürfel**
20 g **Selleriewürfel**
20 g **Schalottenwürfel**
20 g **Fenchelwürfel**
20 ml **Olivenöl**
Lorbeer, Thymian, Fenchelsaat, Safran
100 ml **Weißwein**
200 ml **Fischfond**

Die Muscheln gut waschen und beiseitestellen. Das Gemüse in Olivenöl glasieren. Mit dem Weißwein ablöschen, Gewürze zugeben, einkochen lassen und mit dem Fischfond auffüllen. Nochmals auf die Hälfte einkochen lassen und die Muscheln zugeben. Abgedeckt einmal aufkochen und 1 Minute ziehen lassen. Den Fond passieren, die Muscheln beiseitestellen.

Seeteufel

400 g **Seeteufelfilet**
20 ml **Olivenöl**
Salz, Piment d'Espelette

Den Seeteufel portionieren, mit Salz und Piment d'Espelette würzen und mit Olivenöl in einer Pfanne glasig braten.

Mediterranes Gemüse

1 **grüne Zucchini**
1 **gelbe Zucchini**
1 **Tomate**
1 **Artischocke**
20 ml **Olivenöl**
Salz, Pfeffer
Muschelfond
Butter, Olivenöl

Das Gemüse putzen und fein würfeln. In Olivenöl glasig dünsten, etwas Muschelfond zugeben und garen. Abschmecken und den Fond mit Butter und Olivenöl leicht emulgieren.

041

Anrichten

Das Gemüse mit den Muscheln und dem gebratenen Seeteufel auf vorgewärmten Tellern anrichten.

Weinempfehlung

2005 Zuc di Volpe
Sauvignon
Volpe Pasini
Friaul

042

SAFRANRISOTTO
THUNFISCH, WILDKRÄUTERSALAT, GREMULATA

Für 4 Personen

Risotto

15 g **Butter**
50 g **Schalottenwürfel**
2 g **Safran**
250 g **Acquerello-Reis**
40 ml **Weißwein**
750 ml **Geflügelfond**
Salz, Limone, Pfeffer, Piment d'Espelette, Limonensaft
20 g **kalte Butter**
20 g **geschlagene Sahne**
10 g **Parmesan**

Die Butter erhitzen, die Schalottenwürfel mit dem Safran darin leicht braun anschwitzen. Den Reis zugeben und etwas mitschwitzen. Den Risotto mit dem Weißwein ablöschen. Den Geflügelfond einmal aufkochen und unter ständigem Rühren nach und nach zu dem Reis geben. Den Risotto abschmecken, dann die geschlagene Sahne, die kalte Butter und den Parmesan unterrühren.

Gremulata

100 g **Petersilie**
1 **Zitrone (unbehandelt)**
1 **Knoblauchzehe**
50 ml **mildes Olivenöl**
Salz, schwarzer Pfeffer

Die gezupfte, gewaschene Petersilie in einen Mixbehälter geben. Den Abrieb der ganzen Zitrone zugeben. Den Knoblauch fein schneiden und ebenfalls dazugeben. Mit dem Olivenöl auffüllen, pürieren und mit Salz und schwarzem Pfeffer abschmecken.

Thunfisch

200 g **Thunfisch (Sushi-Qualität)**
Meersalz, Pfeffer

Den Thunfisch sehr dünn aufschneiden. Mit Meersalz und Pfeffer würzen. Die Thunfischscheiben dünn mit der Gremulata bestreichen.

Salat

125 ml **roter Portwein**
40 ml **Geflügelfond**
30 ml **Traubenkernöl**
Aceto Balsamico, Salz, Pfeffer
100 g **gezupfte Wildkräuter**

Den Portwein auf 40 ml einkochen. Den Geflügelfond zugeben, das Traubenkernöl einrühren und mit Aceto Balsamico, Salz und Pfeffer abschmecken. Die Wildkräuter in dem Dressing wenden.

042

Sauce zum Anrichten

100 ml **Fischsauce (siehe Rezept 002)**

Die Fischsauce erwärmen und zum Anrichten bereitstellen.

Anrichten

Den Risotto auf Tellern anrichten, mit dem Thunfisch belegen, den Salat daraufsetzen und mit etwas Fischsauce angießen.

Weinempfehlung

2005 Muschelkalk
Weißer Burgunder Spätlese trocken
Dr. Wehrheim
Pfalz

SEESAIBLING
KONFIERT, INGWER-WASABI-GURKEN

Für 4 Personen

Seesaibling

600 g Seesaiblingfilet
Salz, Piment d'Espelette
Olivenöl
Alufolie

Das Saiblingfilet sauber parieren, dünn aufschneiden und mit Salz und Piment d'Espelette würzen. Die Filets aufrollen, mit Olivenöl benetzen und fest in Alufolie einwickeln. Die Röllchen bei 50 °C etwa 9 Minuten im Konvektomaten oder Dampfgarer dämpfen.

Wasabisauce

1 Schalotte
2 Salatgurken
etwas Olivenöl
½ EL Wasabipaste (erhältlich im Asialaden)
20 ml Geflügelfond
Salz, Pfeffer, Essig,
1 TL Lauchpaste

Die Schalotte in feine Würfel schneiden. Die Gurken schälen und würfeln. (Die Gurkenkerne nicht entfernen.) Die Schalotten in wenig Olivenöl glasieren. Die Gurkenwürfel und die Wasabipaste zugeben, mit dem Geflügelfond auffüllen. Aufkochen, abschmecken und pürieren. Durch ein feines Sieb passieren und mit der Lauchpaste grün färben.

Gurken

2 Salatgurken
1 Schalotte
10 g eingelegter Ingwer
20 g Butter
80 ml Geflügelfond
5 g Wasabipaste

Die Gurken schälen und in kleine Balken schneiden. Die Schalotte fein würfeln. Den Ingwer ganz fein hacken, zusammen mit den Schalottenwürfeln in der Butter glasieren. Mit dem Geflügelfond aufgießen, die Gurken und die Wasabipaste zugeben, abschmecken und weich dünsten.

043

Asia-Dressing

2 EL **Reisessig**
2 EL **Sojasauce**
2 EL **Ketjab Manis (erhältlich im Asialaden)**
2 EL **Honig**
2 EL **passierte Sweet-Chili-Sauce**
2 EL **Austernsauce**
10 EL **Sesamöl**
1 **Limette**
Piment d'Espelette (baskischer Pfeffer)
etwas Wasabipaste (nach Geschmack)

Alle Zutaten zu einem Dressing verrühren.

Kräuter

Wildkräuter und Blüten nach Wahl

Die Kräuter in dem Asia-Dressing marinieren.

Anrichten

Die Gurken exakt auf Tellern anrichten, den Saibling dazwischensetzen, mit den Saucen und den Kräutern ausgarnieren.

Weinempfehlung

2005 Chenin Blanc
MAN Vintners
Stellenbosch

SEETEUFEL
PINIENKERN-OLIVEN-KRUSTE, ZUCCHINI, MANDARINENÖL

Für 4 Personen

Pinienkern-Oliven-Kruste

50 g **Zucker**
50 g **Pinienkerne**
50 g **schwarze Nizza-Oliven**
20 g **Butter**
Salz, Pfeffer, Wacholder, Rosmarin

Den Zucker in einem Topf ohne Fettzugabe hellbraun karamellisieren. Die Pinienkerne zum Karamell geben und vorsichtig braun werden lassen. Den Karamell erkalten lassen und in einem Beutel fein zerstoßen. Die Gewürze mörsern und zusammen mit den fein gehackten Oliven und der kalten Butter unterarbeiten.

Seeteufel

600 g **Seeteufelfilet**
Salz, Piment d'Espelette (baskischer Pfeffer)
20 ml **Olivenöl**
Thymian, Rosmarin

Den Seeteufel portionieren, würzen und von beiden Seiten in dem Olivenöl anbraten. Die Pinienkern-Oliven-Masse dünn daraufgeben, im auf 180 °C vorgeheizten Backofen 4 bis 6 Minuten glasig garen. Die Seeteufelstücke dann kurz unter dem Salamander oder unter dem Backofengrill bei 200 °C gratinieren, bis sie leicht Farbe angenommen haben.

Zucchini

2 **mittelgroße Zucchini**
Olivenöl, Thymian, Mandarinenabrieb, Salz, Pfeffer

Die Zucchini in gleichmäßig dicke Streifen schneiden und in Olivenöl glasig dünsten. Mit den übrigen Zutaten würzen.

044

Mandarinensauce

50 g Schalotten
2 Knoblauchzehen
2 Nelken
1 Lorbeerblatt
½ Sternanis
einige Mandarinen- und Limonenzesten
500 ml Mandarinensaft
750 m Geflügelfond (siehe Rezept 003)
Butter, Crème fraîche, Olivenöl
Salz, Pfeffer, Piment d'Espelette (baskischer Pfeffer), Limettensaft

Die Schalotten und den Knoblauch fein würfeln und mit den Gewürzen in einen Topf geben. Mit dem Mandarinensaft auffüllen und stark einkochen lassen. Mit dem Geflügelfond auffüllen und nochmals auf 250 ml einkochen lassen. Die Mandarinensauce mit der Butter, der Crème fraîche und dem Olivenöl pürieren, passieren und abschmecken.

Anrichten

Den Seeteufel auf der Zucchini anrichten und mit der Mandarinensauce nappieren.

Weinempfehlung

2005 Dürnsteiner Schütt
Grüner Veltliner Smaragd
Weingut Knoll
Wachau

SEEZUNGE
PHYSALIS, TOMATEN, ESTRAGONPISTOU

Für 4 Personen

Seezungenröllchen

1 küchenfertige Seezunge
(ca. 600–800 g)
Salz, Piment d'Espelette (baskischer Pfeffer), Zucker
10 g Schalottenwürfel
10 g Butter
20 ml Weißwein
200 ml Fischfond (siehe Rezept 001)

Die Seezunge häuten, filetieren, mit Salz, Piment d'Espelette und Zucker würzen und mit der Hautseite nach innen rollen. Die Schalotten in der Butter glasig schwitzen und mit dem Weißwein ablöschen. Die Sauce einkochen lassen, mit dem Fischfond auffüllen und abschmecken. Die Seezungenröllchen in dem Fond bei geschlossenem Deckel glasig garen.

Tomaten-Physalis-Ragout

200 g kleine Tomaten
20 ml Olivenöl
Rosmarin, Salz
80 g Physalis
10 g Butter
10 g Honig
40 ml Fischfond
weißer Aceto Balsamico
Salz, Pfeffer, Piment d'Espelette (baskischer Pfeffer), Estragon

Die Tomaten überbrühen, häuten, auf ein Backblech setzen, leicht mit Rosmarin und Salz würzen und mit Olivenöl beträufeln. Im auf 80 °C vorgeheizten Backofen etwa 4 Stunden trocknen.
Die Physalis halbieren und in der Butter leicht anschwitzen. Den Honig zugeben und etwas mitschwitzen. Mit dem Fischfond auffüllen, die Tomaten zugeben und abschmecken. Den Estragon fein schneiden und zugeben.

Estragonpistou

1 Bund Estragon
50 ml mildes Olivenöl
Salz, Pfeffer

Den Estragon zupfen und mit dem Olivenöl pürieren. Mit Salz und Pfeffer abschmecken.

045

Anrichten

Das Pistou zu den Seezungenröllchen und dem Tomaten-Physalis-Ragout servieren.

Weinempfehlung

2005 Durbacher Plaulrain
Grauer Burgunder Spätlese trocken
Andreas Laible
Baden

STEINBUTT
KATALANISCHE TOMATEN, PARMESANSAUCE, BASILIKUM

Für 4 Personen

Steinbutt

400 g **Steinbuttfilet**
Salz, Piment d'Espelette
30 ml **Olivenöl**
Thymian, Butter

Den Steinbutt portionieren und mit Salz und Piment d'Espelette würzen. Eine Pfanne auf dem Herd heiß werden lassen. Das Olivenöl hineingeben und den Steinbutt darin braten. Kurz vor Ende der Garzeit das Öl abgießen, ein Stück Butter und den Thymian dazugeben und den Fisch darin nachbraten.

Tomaten

400 g **katalanische Tomaten**
1 **Schalotte**
1 **Knoblauchzehe**
10 ml **Olivenöl**
1 TL **Honig**
1 TL **weißer Aceto Balsamico**
Salz, Pfeffer, Piment d'Espelette
15 g **Butter**

Die Tomaten überbrühen, häuten, entkernen und in grobe Würfel schneiden. Die Schalotte in feine Würfel schneiden. Einen Topf mit der Knoblauchzehe ausreiben. Die Schalottenwürfel mit dem Olivenöl darin glasig schwitzen. Honig und Tomatenwürfel zugeben und leicht weiterschwitzen. Mit Aceto Balsamico und den übrigen Gewürzen abschmecken. Den Fond mit der kalten Butter etwas abbinden.

Salat

125 ml **roter Portwein**
1 **Lorbeerblatt**
40 ml **Geflügelfond**
30 ml **Traubenkernöl**
Rotweinessig, Salz, Pfeffer
100 g **Kräuter**

Den Portwein mit dem Lorbeerblatt aufkochen und auf 40 ml einkochen lassen. Den Geflügelfond zugeben, das Traubenkernöl einrühren und mit Rotweinessig, Salz und Pfeffer abschmecken. Die Kräuter darin wenden.

Basilikumpistou

100 g **Basilikum**
25 ml **Rapsöl**
25 ml **Olivenöl**
Salz, Pfeffer

Das gewaschene, gezupfte Basilikum in einen Mixbehälter geben und mit dem Rapsöl mixen. Je nach gewünschter Konsistenz Olivenöl zugeben und mit den Gewürzen abschmecken.

Sauce zum Anrichten

100 ml **Parmesansauce (siehe Rezept 008)**

Die Parmesansauce erwärmen und zum Anrichten bereitstellen.

Anrichten

Den Steinbutt auf den Tomaten anrichten, mit Pistou und Parmesansauce ausgarnieren.

Weinempfehlung

1999 Loibner Loibenberg
Riesling Smaragd
Ferie Weingärtner
Wachau

047

ST. PIERRE
GESCHMOLZENE TOMATEN, LARDO DI COLONNATA, ESTRAGON-TORTELLINI

Für 4 Personen

St. Pierre

1 **Tomate**
80 g **Lardo di Colonnata (toskanischer Speck)**
400 g **enthäutetes St.-Pierre-Filet**
20 ml **Olivenöl**
Salz, Piment d'Espelette (baskischer Pfeffer)
1 **Estragonzweig**

Die Tomate kurz in siedendem Wasser blanchieren, in Eiswasser abschrecken, häuten und in sehr dünne Scheiben schneiden. Den Lardo in dünne Scheiben schneiden. Den St. Pierre portionieren und würzen. In einer Pfanne das Olivenöl erhitzen, den Fisch auf einer Seite anbraten, wenden und mit Tomatenscheiben und Lardo belegen. Den Estragon zugeben und den Fisch im auf 180 °C vorgeheizten Backofen glasig garen. Den Lardo unter dem Backofengrill bei 250 °C oder unter dem Salamander kurz kross werden lassen.

Geschmolzene Tomaten

250 g **reife Tomaten**
1 **Knoblauchzehe**
20 g **Schalottenwürfel**
Olivenöl, Honig, Sherryessig

Die Tomate kurz in siedendem Wasser blanchieren, in Eiswasser abschrecken, häuten, vierteln, entkernen und in kleine Stücke schneiden. Einen Topf mit dem Knoblauch ausreiben, das Olivenöl hineingeben und die Schalottenwürfel darin glasieren. Etwas Honig und die Tomatenstücke zugeben, abschmecken.

Nudelteig

4 **Eigelb**
3 **Eier**
400 g **Nudelgrieß**
1 EL **Olivenöl**
Salz

Die Eier mit dem Salz verrühren und 30 Minuten ruhen lassen. Den Nudelgrieß und das Olivenöl zugeben, alles zu einem Teig kneten. Den Nudelteig mindestens 1 Stunde ruhen lassen. Den Nudelteig dünn ausrollen und Kreise ausstechen.

Füllung

10 g **Pinienkerne**
125 g **Ricotta**
40 g **Estragonpesto (Fertigprodukt)**
2 **Eigelb**
Salz, Pfeffer, Muskat

Die Pinienkerne in einer Pfanne ohne Fettzugabe rösten und fein hacken. Die Kerne mit den übrigen Zutaten vermengen und abschmecken. Die Nudelteigkreise damit füllen, zu Tortellini formen und diese in wallendem Salzwasser ca. 2 Minuten garen.

Sauce zum Anrichten

80 ml **Fischsauce**
(siehe Rezept 002)

Die Fischsauce erwärmen und zum Anrichten bereitstellen.

Anrichten

Den St. Pierre auf den Tomaten anrichten, die Tortellini dazulegen und mit etwas Fischsauce ausgarnieren.

Weinempfehlung

2001 Uhlen »R« Erste Lage
Riesling
Heymann-Löwenstein
Mosel-Saar-Ruwer

048–057 FLEISCH

Bigorre-Schwein: Rücken, Bohnen, Morcheln | **Kalbshaxe:** Getrüffelte Bratenjus, geschmortes Gemüse | **Geschmorte Rehschulter:** Pfifferlinge, Balsamico-Kirschen, Spätzle | **Lammrücken vom Hof Müritz:** Konfierte Kartoffel, Paprika, dicke Bohnen | **Linumer Milchkalb:** Zunge, Haxe, Filet, Spargel | **Milchlamm vom Hof Müritz:** Rücken, Schulter, Leber | **Ochsenbacke:** Pfifferlingssud, Kartoffeln, Lauch | **Rehrücken aus der Schorfheide:** Spargel, Mispeln, Pfifferlinge | **Scherzl:** Petersilienwurzel, Karotte, Perigord-Trüffel | **Spanferkelbauch:** Kross, Bohnen, Chorizo, arabische Aromen

Hugos

BIGORRE-SCHWEIN
RÜCKEN, BOHNEN, MORCHELN

Für 4 Personen

Morchelkruste

300 g **Morcheln**
250 g **Butter**
70 g **Schalotten**
10 ml **Sherry**
7 g **Salz-Pfeffer-Gemisch**
4 **Eigelbe**
50 g **Mie de Pain (entrindetes, fein geriebenes Weißbrot)**
Piment d'Espelette (baskischer Pfeffer)

Die Morcheln gründlich waschen. Die Butter in einer Pfanne erhitzen und die Morcheln darin anschwitzen. Die gewürfelten Schalotten zugeben und kurz mitschwitzen. Mit dem Sherry ablöschen, die Morcheln herausnehmen, etwas trocken tupfen und fein hacken.
Die restliche Butter mit den Gewürzen weiß aufschlagen. Die Eigelbe nach und nach unterziehen, die Morcheln und die Mie de Pain unterheben und abschmecken.

Schweinerücken

600 g **Bigorre-Schweinerücken (Noir de Bigorre, Schwarzfuß-schwein)**
20 ml **Pflanzenöl**
Salz, schwarzer Pfeffer
40 g **Butter**
Lorbeer, Rosmarin

Das Fett des Schweinerückens karreeförmig einschneiden. Eine feuerfeste Pfanne erhitzen und das Pflanzenöl hineingeben. Das Fleisch langsam auf der Fettseite kross braten, umdrehen und die Pfanne ca. 10 Minuten in den auf 180 °C vorgeheizten Backofen geben.
In der Zwischenzeit das Pflanzenöl aus der Pfanne gießen, die Butter und die Kräuter zugeben und das Fleisch darin etwas nachbraten. Das Fleisch anschließend mindestens 10 Minuten ruhen lassen, dann portionieren. Die Morchelkruste darauf geben und im vorgeheizten Backofen kurz gratinieren.

Bohnen

400 g **grüne Bohnen**
20 g **Schalottenwürfel**
40 g **Butter**
20 g **geräucherter Bauchspeck**
40 ml **Geflügelfond**
Salz, Pfeffer, Bohnenkraut, Rotweinessig

Die Bohnen putzen und zuschneiden. In gesalzenem Wasser zusammen mit dem Bohnenkraut blanchieren und anschließend in Eiswasser abschrecken.
Die Schalottenwürfel mit dem Speck in der Butter anschwitzen. Die Bohnen zugeben und glasieren. Das fein gehackte Bohnenkraut und den Geflügelfond zugeben, kurz köcheln lassen. Den Speck herausnehmen und mit Salz, Pfeffer, Bohnenkraut und Rotweinessig abschmecken.

Saucen zum Anrichten

200 ml **Schweinsjus**
(siehe Rezept 007)
50 ml **weiße Pfeffersauce**
(siehe Rezept 006)

Die Schweinsjus und die weiße Pfeffersauce erwärmen und zum Anrichten bereitstellen.

Anrichten

Die Bohnen sauber auf Tellern anrichten, das Fleisch daraufsetzen und mit der Schweinejus und der weißen Pfeffersauce rundherum ausgarnieren.

Weinempfehlung

2003 Merlot
Wagner Stempel
Rheinhessen

049

KALBSHAXE
GETRÜFFELTE BRATENJUS, GESCHMORTES GEMÜSE

Für 4 Personen

Kalbshaxe

1 **Kalbshaxe (ca. 1,8 kg)**
5 **Schalotten**
60 g **Sellerie**
60 g **Karotten**
40 g **Lauch**
Salz, Pfeffer, Olivenöl, Rosmarin, Lorbeer

Die Haxe mit Salz und Pfeffer würzen. Das grob geschnittene Gemüse in einen Bräter geben, die Haxe darauflegen und mit etwas Olivenöl übergießen. Etwas Wasser angießen und im auf 140 °C vorgeheizten Backofen etwa 3 bis 4 Stunden garen. Zwischendurch die Haxe immer wieder mit dem entstehenden Fond übergießen. Je nach Bedarf die Temperatur gegen Ende der Garzeit auf 200 °C erhöhen und die Haxe bräunen. Den dabei entstehenden Fond beiseitestellen.

Gemüse

2 **Karotten**
1 **Knollensellerie**
1 **Kohlrabi**
1 **Staudensellerie**
8 **Schneidebohnen**
80 g **Perigord-Trüffel**
100 ml **Trüffelfond**
Butter, Haxenfond, Olivenöl, Rotweinessig

Das Gemüse putzen und in gleichmäßige Stücke schneiden. Etwas Butter in einem Topf erhitzen und den Trüffel kurz darin glasieren. Den Trüffel herausnehmen und beiseitestellen. Den Trüffelfond in den Topf geben und auf die Hälfte einkochen lassen. Mit dem Haxenfond auffüllen und das Gemüse darin garen. Den Trüffel wieder dazugeben, abschmecken und mit wenig Olivenöl und Butter leicht emulgieren.

049

Anrichten

Das Gemüse mit der aufgeschnittenen Kalbshaxe auf vorgewärmten Tellern anrichten.

Weinempfehlung

2004 Shiraz Cabernet
Koonunga Hill, Penfolds
Südaustralien

GESCHMORTE REHSCHULTER
PFIFFERLINGE, BALSAMICO-KIRSCHEN, SPÄTZLE

Für 6 Personen

Rehschultern vorbereiten

2 Knoblauchzehen
20 ml Olivenöl
Wacholder
Thymian
Rosmarin
1 Lorbeerblatt
2 küchenfertige Rehschultern (à 1 kg)

Den Knoblauch in feine Scheiben schneiden, die Kräuter grob hacken, die Gewürze zerstoßen und mit dem Olivenöl über die Rehschultern geben. Das Fleisch über Nacht im Kühlschrank marinieren.

Rehschultern zubereiten

20 ml Pflanzenöl
80 g Sellerie
80 g Karotte
80 g Schalotte
20 g Tomatenmark
750 ml Rotwein
80 g Lauch
10 g getrocknete Steinpilze
Salz, Pfeffer, Rotweinessig
40 g Butter

Die Rehschultern aus der Marinade nehmen, die Kräuter und Gewürze abstreifen, und beiseitestellen. Das Fleisch von allen Seiten in dem Pflenzenöl braun anbraten, dann herausnehmen und beiseite stellen. Den Sellerie, die Karotte und die Schalotte schälen, in feine Streifen schneiden und im Bratöl goldbraun rösten. Das Tomatenmark zugeben und mitrösten. Dann den Rotwein nach und nach zugeben und alles köchlen lassen bis der Wein verkocht ist. (Dabei etwas Rotwein aufbewahren.) Zum Schluss den in feine Ringe geschnittenen Lauch, die Steinpilze und die Gewürze zugeben, den restlichen Rotwein auffüllen und reduzieren. Die Schulter wieder in den Topf geben, mit Wasser auffüllen und bei 150 °C ca. 2 Stunden langsam schmoren lassen. Das Fleisch vorsichtig aus dem Topf nehmen, wenn es schön weich ist und sich vom Knochen löst. Die Sauce durch ein Sieb geben und einkochen lassen, mit Salz, Pfeffer und Rotweinessig würzen und mit etwas Butter binden.

050

Kirschen

40 g Zucker
50 ml Aceto Balsamico
200 ml Rotwein
½ Zimtstange
400 g frische Süßkirschen, entkernt
300 ml Kirschsaft
etwas Stärke

Den Zucker in einem Topf karamelisieren, mit dem Balsamico ablöschen und reduzieren. Den Rotwein und die Zimtstange zugeben und aufkochen. Die Kirschen kurz darin aufkochen lassen und wieder herausnehmen. Den Kirschsaft zugeben, alles auf ca. 200 ml reduzieren und mit Stärke binden. Die Kirschen zugeben und ziehen lassen.

Spätzle

500 g Mehl
7 Eier
50 ml Mineralwasser
10 g Salz
Muskatnuss
Butter

Alle Zutaten in eine Schüssel geben und zu einem Teig verarbeiten. Den Teig kräftig durchschlagen, damit er schön luftig wird. Den Teig auf ein Spätzlebrett streichen und mit einer in Wasser getauchten Palette glatt streichen. Den Spätzleteig in feinen Streifen in kochendes Wasser abstreichen. Die garen Spätzle in kaltes Wasser geben, dann in etwas Butter schwenken.

Pfifferlinge

500 g Pfifferlinge
20 ml Olivenöl
1 Schalotte
etwas Knoblauch
Salz, Pfeffer
Petersilie

Die Pifferlinge gründlich waschen. Das Olivenöl in einer Pfanne erhitzen und die Pfifferlinge darin anbraten. Die Schalotte und den Knoblauch in feine Würfel schneiden und zu den Pfifferlingen geben. Mit Salz und Pfeffer würzen, dann die fein geschnittene Petersilie zugeben.

Anrichten

Das Fleisch mit den Kirschen, den Spätzle und den Pfifferlingen auf Tellern anrichten.

Weinempfehlung

2004 Spätburgunder & Portugieser
Martin Schwarz
Sachsen

051

LAMMRÜCKEN VOM HOF MÜRITZ
KONFIERTE KARTOFFEL, PAPRIKA, DICKE BOHNEN

Für 4 Personen

Lammrücken

2 Lammkarrees mit Fettdeckel
30 ml Olivenöl
Knoblauch, Rosmarin, Thymian, Salz, Pfeffer

Den Fettdeckel der Karrees rautenförmig einschneiden. Eine Pfanne erhitzen, das Olivenöl hineingeben, den Lammrücken mit der Fettdeckelseite nach unten einlegen und anbraten. Wenn der Fettdeckel schön kross ist, den Lammrücken auf die Fleischseite drehen und kurz weiterbraten. Das Fett abgießen, etwas frisches Olivenöl und die Kräuter zugeben und das Fleisch im auf 180 °C vorgeheizten Backofen rosa braten.

Paprika und Kartoffeln

2 sehr große festkochende Kartoffeln
4 rote Paprika
200 ml mildes Olivenöl
2 Knoblauchzehen
Salz, Pfeffer
etwas frischer Thymian und Rosmarin

Die Kartoffeln schälen und in 1 cm dicke Rechtecke schneiden. Eine Pfanne erhitzen, ein wenig Olivenöl hineingeben und die Kartoffeln mit der Knoblauchzehe leicht darin anbraten. Mit Salz und Pfeffer würzen und mit dem restlichen Olivenöl auffüllen. Die Hälfte des Thymians und des Rosmarins zugeben und die Kartoffeln darin konfieren.
Die Paprika waschen, unten leicht über Kreuz einschneiden und auf ein Backblech geben. Etwas salzen, das Olivenöl, den restlichen Thymian, Rosmarin und eine angedrückte Knoblauchzehe dazugeben und im auf 220 °C vorgeheizten Backofen etwa 20 bis 30 Minuten garen. Die Paprika aus dem Ofen nehmen, abkühlen lassen, die Haut abziehen und in Rechtecke von der Größe der Kartoffelstücke schneiden. Die Paprika und die Kartoffeln aufeinander schichten.

Dicke Bohnen

100 g **dicke Bohnenkerne**
10 ml **Olivenöl**
10 g **feine Schalottenwürfel**
20 ml **Geflügelfond**
(siehe Rezept 003)
Bohnenkraut, Rotweinessig, Salz, Pfeffer

Die Bohnenkerne blanchieren und enthäuten. Das Olivenöl in einem Topf erhitzen und die Schalottenwürfel darin glasieren. Die Bohnenkerne zugeben, mit dem Geflügelfond auffüllen, kurz köcheln lassen und abschmecken.

Oliven-Tapenade

10 ml **Olivenöl**
10 g **Schalottenwürfel**
1 **Knoblauchzehe**
100 g **schwarze Nizza-Oliven**
50 ml **Geflügelfond (siehe Rezept 003)**
Thymian, Salz, Pfeffer

Das Olivenöl in einem Topf erhitzen, die Schalottenwürfel und den fein geschnittenen Knoblauch darin glasig dünsten. Die fein gehackten Oliven zugeben und etwas mitschwitzen. Den Geflügelfond aufgießen, würzen und den fein gehackten Thymian zugeben.

Saucen zum Anrichten

80 ml **Lammjus (siehe Rezept 009)**
80 ml **Weiße Pfeffersauce**
(siehe Rezept 006)

Die Saucen erwärmen und zum Anrichten bereitstellen.

Anrichten

Das Lamm auf den Kartoffel-Paprika-Scheiben anrichten und mit den Bohnen und der Tapenade dekorieren.

Weinempfehlung

2001 Guidalberto
Tenuta San Guido
Toskana

LINUMER MILCHKALB
ZUNGE, HAXE, FILET, SPARGEL

Für 4 Personen

Milchkalbszunge

1 **Milchkalbszunge (ca. 500 g)**
80 g **Pökelsalz**
1 ½ l **Wasser**
400 g **Wurzelgemüse**
Lorbeer, Pfeffer, Nelke, Wacholder, Koriander

Das Pökelsalz in dem Wasser auflösen. Einen Teil davon in eine Spritze geben und die Zunge damit gleichmäßig besprühen. Dann die Zunge mit den Gewürzen in das restliche Wasser geben und drei Tage darin belassen.
Die Zunge dann in kaltem Wasser aufsetzen und langsam zum Köcheln bringen. Den dabei entstehenden Schaum immer wieder abnehmen. Die Gewürze und das Gemüse zugeben und die Zunge gar ziehen lassen. (Die Zunge ist gar, wenn die Spitze weich ist.)

Kalbshaxe

1 **Kalbshaxe (ca. 2 kg)**
Salz, Pfeffer
5 **Schalotten**
60 g **Sellerie**
60 g **Karotten**
1 **Lorbeerblatt**
Olivenöl

Die Haxe mit Salz und Pfeffer würzen. Schalotten, Sellerie und Karotten grob schneiden, mit dem Lorbeerblatt auf ein Backblech geben und mit etwas Olivenöl übergießen. Etwas Wasser auf das Blech geben und im auf 140 °C vorgeheizten Backofen etwa 3 bis 4 Stunden garen. Wenn die Haxe schön weich ist, gegebenenfalls noch mit Oberhitze nachbräunen, den entstandenen Fond passieren und für das Gemüse beiseitestellen.

Filet

200 g **Milchkalbsfilet**
20 ml **Pflanzenöl**
Salz, weißer Pfeffer, Lorbeer, Rosmarin, Butter

Eine Pfanne heiß werden lassen. Das Pflanzenöl hineingeben und das mit Salz und Pfeffer gewürzte Filet von allen Seiten gut anbraten. Etwa 8 Minuten im auf 180 °C vorgeheizten Backofen rosa braten. Das Fett abgießen, Kräuter und Butter zugeben und glasieren. Etwa 10 Minuten ruhen lassen.

052

Spargel

350 g **grüner Spargel**
500 g **weißer Spargel**
1 ½ l **Wasser**
Salz, Butter, Zitronensaft

Den Spargel schälen und in mit Salz, etwas Zitronensaft und Butter abgeschmecktem Wasser kochen. Den garen Spargel herausnehmen, die grünen Stangen in Eiswasser abschrecken. Den Spargel zuschneiden und drei Spargelspitzen pro Person zurückbehalten.

Spargelrahm

200 ml **Spargelfond**
50 ml **Sahne**
20 g **Butter**
etwas Speisestärke, Salz, Zitronensaft, Kerbel

Den Spargelfond etwas einkochen lassen. Die Butter und die Sahne zugeben, abschmecken und emulgieren, gegebenenfalls mit etwas Speisestärke binden. Den Spargel darin erwärmen.

Anrichten

Den Spargel in Spargelrahm zum Fleisch servieren. Mit den Spargelspitzen garnieren.

Weinempfehlung

2004 Paradigma
Claus Preisinger
Burgenland

MILCHLAMM VOM HOF MÜRITZ
RÜCKEN, SCHULTER, LEBER

Für 4 Personen

Milchlammrücken

2 **Milchlammkarrees mit Fettdeckel (à ca. 100 g)**
30 ml **Olivenöl**
Knoblauch, Rosmarin, Thymian, Salz, Pfeffer

Den Fettdeckel der Karrees einschneiden. Eine Pfanne erhitzen, das Olivenöl hineingeben und das Milchlamm auf dem Fettdeckel langsam darin braten. Wenn der Fettdeckel schön kross ist, das Fleisch umdrehen und etwas weiterbraten. Das Öl abgießen, frisches Olivenöl und die Kräuter zugeben und im auf 180 °C vorgeheizten Backofen rosa braten.

Milchlammleber

200 g **Milchlammleber**
20 ml **Olivenöl**
20 g **Butter**
Rosmarin, Salz, Pfeffer

Die Lammleber putzen und enthäuten. Eine Pfanne erhitzen, das Olivenöl hineingeben und die Leber ungewürzt langsam darin braten. Das Olivenöl abgießen, Butter und Rosmarin zugeben und die Leber darin kurz nachbraten. Die Leber würzen und portionieren.

Milchlammschulter

1 **Milchlammschulter (ca. 1 kg)**
50 g **schwarze Olivenpaste**
500 ml **mildes Olivenöl**
Rosmarin, Thymian, Lorbeer, Salz, Pfeffer
Küchengarn

Die Milchlammschulter auslösen, vorsichtig etwas einschneiden, würzen und mit der Olivenpaste bestreichen. Etwas Thymian und Rosmarin fein hacken und die Milchlammschulter damit bestreuen. Einrollen und mit Küchengarn binden.
Das Olivenöl in einem Topf erwärmen, abschmecken und die Kräuter zugeben. Die gebundene Milchlammschulter hineingeben und bei 70 bis 80 °C etwa 3 bis 4 Stunden konfieren, bis sie weich ist. Vorsichtig in Scheiben schneiden.

053

Mediterranes Gemüse

1 Artischocke
1 rote Paprika
1 gelbe Paprika
1 Zucchini
100 g grüne Bohnen
40 ml Olivenöl
1 Knoblauchzehe
40 ml weißer Tomatensaft
40 ml Geflügelfond
Salz, Pfeffer
weißer Aceto Balsamico

Die Artischocke putzen, die Spitzen abschneiden und das Heu entfernen. Den Artischockenboden in Würfel schneiden. Die Paprika schälen, entkernen und in Würfel schneiden. Die Zucchini schälen und das grüne Fleisch in Würfel schneiden. Die Bohnen putzen und ebenfalls in Würfel schneiden.

Das Olivenöl mit der Knoblauchzehe in einem Topf erwärmen und das Gemüse darin andüsten. Mit Tomatensaft und Geflügelfond auffüllen und fertig garen. Das Gemüse abschmecken und den Fond leicht mit etwas Olivenöl emulgieren.

Sauce zum Anrichten

200 ml Lammjus (siehe Rezept 009)

Die Lammjus erwärmen und zum Anrichten bereitstellen.

Anrichten

Das Gemüse mit dem Milchlamm auf Tellern anrichten und mit frischen Kräutern garnieren. Mit der Lammjus angießen.

Weinempfehlung

2002 Lutzmannsburg Alte Reben
Blaufränkisch
Weingut Moric
Burgenland

OCHSENBACKE
PFIFFERLINGSSUD, KARTOFFELN, LAUCH

Für 4 Personen

Ochsenbacke

2 **geputzte Ochsenbacken (à ca. 220 g)**
20 ml **Pflanzenöl**
60 g **Karottenwürfel**
60 g **Selleriewürfel**
100 g **Schalottenwürfel**
100 g **Tomatenwürfel**
60 g **Lauchwürfel**
1 **Knoblauchzehe**
300 ml **roter Portwein**
300 ml **Rotwein**
1 **Gewürznelke**
6 **Körner schwarzer Pfeffer**
1 **Wacholderbeere**
1 **Lorbeerblatt**
800 ml **Kalbsfond**
Rosmarin, Thymian

Die Ochsenbacken in dem Pflanzenöl anbraten, dann aus dem Bräter nehmen. Die Karotten, den Sellerie und die Schalotten in den Bräter geben und goldbraun rösten. Danach die Tomaten, den Lauch und den Knoblauch zugeben und leicht weiterrösten. Nach und nach mit dem Portwein und dem Rotwein ablöschen. Die Ochsenbacken wieder hineingeben. Die Gewürze in ein Gewürzsäckchen füllen und dazugeben. Mit dem Kalbsfond auffüllen. Zugedeckt im auf 120 °C vorgeheizten Backofen etwa 4 bis 5 Stunden garen. Dann die Bäckchen herausnehmen und die Sauce passieren. Etwas einkochen lassen und abschmecken.

054

Pfifferlingssud

240 g **Pfifferlinge**
1 **Knoblauchzehe**
20 ml **Olivenöl**
1 **Schalotte**
10 g **Speckwürfel**
60 g **Kartoffelwürfel**
40 ml **Weißwein**
40 ml **weißer Portwein**
150 ml **Geflügelfond**
60 g **Tomatenwürfel**
40 g **Frühlingslauchringe**
20 g **Butter**
Rotweinessig, Salz, Pfeffer, Limone, Piment d'Espelette (baskischer Pfeffer)

Die Pfifferlinge putzen. Einen Topf mit dem Knoblauch ausreiben, die Pfifferlinge in Olivenöl anbraten und wieder herausnehmen. Die fein gewürfelte Schalotte und den Speck zugeben und glasieren. Die Kartoffelwürfel zugeben und mit Weißwein und Portwein ablöschen. Den Geflügelfond aufgießen und die Kartoffeln garen. Die Pfifferlinge, die Tomaten und den Lauch zugeben, abschmecken und kurz aufkochen lassen. Mit der Butter emulgieren.

Anrichten

Den Pfifferlingssud zu den aufgeschnittenen Ochsenbäckchen servieren.

Weinempfehlung

2004 Spätburgunder JS
Jean Stodden
Ahr

REHRÜCKEN AUS DER SCHORFHEIDE
SPARGEL, MISPELN, PFIFFERLINGE

Für 4 Personen

Rehrücken

500 g Rehrücken ohne Knochen
50 g Salz
1 Wacholderbeere
1 Lorbeerblatt
1 Nelke
2 g Koriandersaat
1 g weißer Pfeffer
1 g schwarzer Pfeffer
1 Pimentkorn
20 ml Speiseöl
Lorbeerblatt, Rosmarin, Thymian

Das Salz mit den übrigen Gewürzen fein mahlen. Mit dieser Gewürzmischung den Rehrücken einreiben. Eine Pfanne erhitzen, das Öl hineingeben und den Rehrücken darin leicht anbraten. Kräuter zugeben und im auf 160 °C vorgeheizten Backofen ca. 5 bis 6 Minuten rosa braten. Danach ca. 7 bis 9 Minuten ruhen lassen.

Spargel

500 g weißer Spargel
500 g grüner Spargel
Salz, Zucker, Butter

Den Spargel schälen bzw. putzen. Die Spargelstangen in einem Topf Wasser aufstellen, mit Salz, Zucker und Butter abschmecken und den Spargel darin garen.

Mispeln

500 g Mispeln
70 g Zucker
200 ml Weißwein
100 ml Aprikosenpüree
½ Zimtstange
1 Sternanis
3 weiße Pfefferkörner
1 Weckglas
etwas Speisestärke

Die Mispeln halbieren, entkernen und beiseitestellen.
Den Zucker in einem Topf karamellisieren. Den Karamell mit dem Weißwein ablöschen, das Aprikosenpüree und die Mispelkerne hineingeben. Die Gewürze zugeben und auf ca. 200 ml einkochen lassen. Durch ein Sieb passieren.
Die Mispeln in das Glas einlegen, den heißen Fond auffüllen und bei ca. 120 °C 30 Minuten einwecken. Die Mispeln etwa 1 Woche im Glas lassen. Vor dem Servieren etwas Mispelfond aus dem Glas mit Speisestärke binden. Die Mispeln klein schneiden und im restlichen Fond erwärmen.

055

Sauce zum Anrichten

80 ml **Rehjus (siehe Rezept 010)**
80 ml **Weiße Pfeffersauce (siehe Rezept 006)**

Die Saucen erwärmen und beiseitestellen.

Anrichten

Den Spargel gleichmäßig auf Tellern anrichten, den Rehrücken darauf platzieren und mit den Pfifferlingen und den Mispeln ausgarnieren, die Sauce leicht angießen.

Weinempfehlung

2003 Lytton Springs
Weingut Ridge
Kalifornien

SCHERZL
PETERSILIENWURZEL, KAROTTE, PERIGORD-TRÜFFEL

Für 4 Personen

Scherzl

1 kg **Rinderscherzl (Schaufelbraten)**
20 ml **Pflanzenöl**
60 g **Karottenwürfel**
60 g **Selleriewürfel**
100 g **Schalottenwürfel**
60 g **Lauchwürfel**
1 **Knoblauchzehe**
100 g **Tomatenwürfel**
300 ml **roter Portwein**
300 ml **Rotwein**
1 **Nelke**
6 **schwarze Pfefferkörner**
1 **Wacholderbeere**
1 **Lorbeerblatt**
800 ml **Kalbsfond**
Rosmarin, Thymian

Das Scherzl entsehnen, in Öl anbraten und wieder aus dem Bräter nehmen. Karotten, Sellerie und Schalotten hineingeben und goldbraun rösten. Den Lauch, den Knoblauch und die Tomaten zugeben und leicht weiterrösten. Nach und nach mit dem Portwein und dem Rotwein ablöschen. Die Gewürze in ein Gewürzsäckchen füllen und zugeben, das Scherzl hineingeben und mit dem Kalbsfond auffüllen. Im auf 120 °C vorgeheizten Backofen zugedeckt ca. 4 bis 5 Stunden garen. Danach das Scherzl herausnehmen, die Sauce passieren und etwas einkochen lassen.

Trüffel

80 g **Perigord-Trüffel**
10 g **Butter**
40 ml **Madeira**
100 ml **Trüffelfond**
Rotweinessig

Den Trüffel zurechtschneiden. Die Butter in einen Topf geben und den Trüffel leicht anschwitzen. Mit dem Madeira ablöschen, den Trüffelfond aufgießen und einkochen lassen. Mit Rotweinessig abschmecken.

056

Wurzelgemüse

16 **Karotten mit Grün**
4 **Petersilienwurzeln**
1 **Lorbeerblatt**
Salz
30 g **Butter**
40 ml **Geflügelfond**
20 ml **Trüffelfond**

Die Karotten und die Petersilienwurzeln putzen und zuschneiden. In kochendem Salzwasser mit dem Lorbeerblatt bissfest garen. Das Wasser abgießen. Die Butter in einen Topf geben und das Gemüse darin glasieren. Trüffelfond zugeben und einkochen lassen, Geflügelfond aufgießen und den Fond emulgieren.

Anrichten

Die Trüffelsauce über das aufgeschnittene Scherzl geben und mit dem Wurzelgemüse servieren.

Weinempfehlung

2004 Volnay
Chantal Lescure
Côte de Beaune

057

SPANFERKELBAUCH
KROSS, BOHNEN, CHORIZO, ARABISCHE AROMEN

Für 4 Personen

Spanferkelbauch

400 g Spanferkelbauch
2 EL Raz el Hanout (nordafrikanische Gewürzmischung)
3 Schalotten
100 ml Geflügelfond
(siehe Rezept 003)
Salz, Pfeffer

Den Spanferkelbauch mit dem Raz el Hanout einreiben und über Nacht marinieren. Die Haut des Spanferkelbauchs einschneiden und das Fleisch in den auf 150 °C vorgeheizten Backofen geben. Die geschnittenen Schalotten zugeben, etwas Geflügelfond angießen. Nach ca. 1 Stunde die Backofentemperatur auf 220 °C erhöhen, bis das Fleisch schön kross ist. Dann noch etwa 1 Stunde bei 130 °C fertig garen.

Bohnenpüree

10 ml Olivenöl
50 g Schalottenwürfel
20 g Räucherspeckschwarte
etwas Knoblauch
150 g Borlotti-Bohnen
250 ml Geflügelfond
(siehe Rezept 003)
Rotweinessig, Salz, Pfeffer
Bohnenkraut, Thymian, Lorbeer
20 g geschlagene Sahne
Olivenöl

Das Olivenöl in einem Topf erhitzen. Die Schalottenwürfel, die ganze Speckschwarte und den Knoblauch darin glasieren. Die Bohnen zugeben, mit dem Geflügelfond auffüllen. Die Kräuter zugeben und die Bohnen sehr weich köcheln lassen. Die Speckschwarte und die Kräuter entnehmen und den Fond fein pürieren. Anschließend durch ein feines Sieb streichen, abschmecken und mit Olivenöl und geschlagener Sahne glatt rühren.

Bohnen

100 g Schneidebohnen
10 g Schalotten
5 g Butter
20 ml Geflügelfond
(siehe Rezept 003)
Salz, Pfeffer, Bohnenkraut

Die Bohnen in wallendem Salzwasser gar kochen, in Eiswasser abschrecken und in Würfel schneiden. Die Schalotten in der Butter glasieren. Die gekochten Bohnen zugeben und mit dem Geflügelfond auffüllen. Die Bohnen erwärmen, mit Salz, Pfeffer und Bohnenkraut abschmecken.

Chorizo

80 g **Chorizo**
10 ml **Olivenöl**
Thymian

Die Chorizo in feine Würfel schneiden. Das Olivenöl erhitzen, den Thymianzweig zugeben und die Chorizo darin auslassen. (Sie sollte dabei nicht zu hart werden.)

Sauce

100 ml **Schweinsjus**
(siehe Rezept 007)
4 g **Raz el Hanout**
2 g **Dijonsenf**
Rotweinessig

Das Raz el Hanout und den Dijonsenf in die Schweinejus einrühren und mit Rotweinessig abschmecken.

Anrichten

Den Spanferkelbauch auf dem Bohnenpüree anrichten, die Bohnen und die Chorizo dazugeben und etwas Sauce angießen.

Weinempfehlung

2005 Schlossböckelheimer Felsenberg
Riesling Kabinett trocken
Weingut Schäfer-Fröhlich
Nahe

058–070 DESSERTS

Birne & Sanddorn: Mousse, Sorbet, Törtchen | **Erdbeeren:** Chili, Minze | **Frucht-Petit-Fours:** Himbeere, Erdbeere, Zwergorange | **Garigette-Erdbeeren:** Waldmeister, Törtchen, Milchreiseis | **Kaffee & Valrhona:** Törtchen, Cassisfeige, Banyulseis | **Melone:** Zitronengraseis, Fichtennadelsorbet, Waldmeistersorbet | **Mispel:** Joghurtmousse, Knusperblätter, Himbeeren | **Pattaya-Mango:** Geschmort, Kokoseis, gebacken | **Pfirsich & Thymian:** Pochiert, Karamell, Mascarponeeis | **Rhabarber:** Mousse, Schokoladenschaum, Tonkabohneneis | **Topfensoufflé:** Tamarillo-Passionsfrucht-Eis, Ananascarpaccio | **Valrhona & Olive** | **Valrhona-Petit-Fours:** Joghurt, Gâteau, Ganache

BIRNE & SANDDORN
MOUSSE, SORBET, TÖRTCHEN

Für 4 Personen

Birnenmousse

175 ml **Birnensirup**
18 g **Milchpulver**
5 **Eigelb**
30 g **Zucker**
3 Blatt **Gelatine**
20 ml **Birnengeist**
200 ml **Sahne**

Den Birnensirup mit dem Milchpulver aufkochen. Die Eigelbe mit dem Zucker im warmen Wasserbad aufschlagen. Die Gelatine in kaltem Wasser einweichen und in das aufgeschlagene Eigelb einrühren. Den Birnensirup zugeben, die Mousse vorsichtig erwärmen und bis zur Rose abziehen. Die Mousse abkühlen lassen, dann den Birnengeist einrühren. Die geschlagene Sahne unterheben. Die Mousse bis zum Servieren kühl stellen.

Sanddornsorbet

250 ml **Sanddornpüree**
100 ml **Wasser**
100 g **Zucker**

Das Sanddornpüree mit dem Zucker und dem Wasser aufkochen. Das Püree abkühlen lassen und in der Eismaschine gefrieren.

Birnentörtchen

80 g **Zucker**
100 ml **Wasser**
1 **Zitrone**
8 **Ercolini-Birnen**
100 ml **Weißwein**
1 Blatt **Gelatine**
20 g **Speisestärke**

Den Zucker vorsichtig in einem Topf ohne Fett karamellisieren lassen. Den Karamell mit dem Wasser und dem Saft der Zitrone ablöschen.
Von 4 Birnen die Köpfe abschneiden. Die Birnenköpfe zu Fächern aufschneiden und in dem Karamellfond weich köcheln lassen. Die Birnen schälen, mit einem Kugelausstecher von unten das Kerngehäuse ausstechen.
Von 2 Birnen sehr dünne Scheiben schneiden und ebenfalls in dem Fond weich ziehen lassen. Mit den Scheiben die Törtchen einkleiden. Die Birnenspitzen auf die abgekühlten Törtchen setzen und bis zum Servieren kühl stellen.
Die Birnenunterteile in feine Würfel schneiden, in etwas Fond weich köcheln lassen und mit Speisestärke binden. Die Gelatine in kaltem Wasser einweichen und in 4 EL des Fonds auflösen. Dann die Törtchen damit überziehen.

058

Anrichten

Die Törtchen zusammen mit Birnenmousse und Sanddornsorbet auf Tellern anrichten.

Weinempfehlung

2003 Escherndorter Lump
Silvaner Auslese
Horst Sauer
Franken

park inn
059

ERDBEEREN
CHILI, MINZE

Für 4 Personen

Püree

300 g **Erdbeeren**
80 g **Zucker**
100 ml **Wasser**
1 **Zitrone**
½ **Chilischote**

Die Erdbeeren waschen, putzen und halbieren. Den Zucker in einem Topf ohne Fett vorsichtig karamellisieren lassen. Den Karamell mit dem Wasser und dem Saft der Zitrone ablöschen, die Erdbeeren und die Chilischote zugeben und ca. 3 bis 5 Minuten köcheln lassen. Die Chilischote herausnehmen und die Erdbeeren pürieren.

Parfait

3 **Eiweiß**
60 g **Zucker**
5 **Eigelb**

Das Eiweiß mit dem Zucker zu steifem Schnee schlagen. Das Erdbeerpüree mit den Eigelben im Wasserbad warm aufschlagen und dann auf Eis kalt rühren. Den Eischnee unterheben und kalt stellen.

Schokoladenschicht

150 g **Valrhona Guanaja 70 %**
(sehr feine dunkle Kuvertüre)
2 EL **Zitronen-Olivenöl**

Die Kuvertüre mit dem Zitronen-Olivenöl im Wasserbad schmelzen lassen.
Eine Schicht von dem Erdbeerparfait in Förmchen geben, gefrieren lassen und dünn mit der Kuvertüre bestreichen. Wieder eine Schicht Parfaitmasse daraufgeben, gefrieren lassen und mit Kuvertüre bestreichen, bis alle Zutaten aufgebraucht sind.

Minzöl

1 Bund **Minze**
50 ml **Pflanzenöl**

Die Minze zupfen, in einen Mixer geben, mit Pflanzenöl bedecken und pürieren. Die Masse durch ein Tuch geben und das Minzöl kalt stellen.

059

Anrichten

Die Erdbeeren mit dem Minzöl beträufeln und dekorativ auf Tellern anrichten.

Weinempfehlung

1997 Château Saint-Amand
Sauternes

Marlene
BAR

FRUCHT-PETIT-FOURS
HIMBEERE, ERDBEERE, ZWERGORANGE

Für 10 Personen

Strukturbiskuit

5 **Eigelb**
35 g **Zucker**
35 g **Mehl, Type 405**
35 g **Speisestärke**
4 **Eiweiß**
35 g **Zucker**
Salz

Die Eigelbe mit dem Zucker schaumig schlagen. Das Mehl mit der Speisestärke vermischen, fein sieben und unter die Eigelbmasse heben. Die Eiweiße mit einer kleinen Prise Salz zu steifem Schnee schlagen, dabei den Zucker nach und nach einrieseln lassen. Den Eischnee unter die Eigelbmasse ziehen. Die Biskuitmasse ca. ½ cm dick auf ein mit Backpapier belegtes Backblech streichen und im auf 200 bis 220 °C vorgeheizten Backofen etwa 5 bis 6 Minuten backen. Den fertigen Biskuit auskühlen lassen, ausschneiden und eine Tropfenform damit auskleiden.

Himbeermousse

40 ml **Buttermilch**
65 ml **flüssige Sahne**
25 g **Puderzucker**
25 g **Himbeerpüree**
1 Blatt **Gelatine**
60 g **geschlagene Sahne**

Die Buttermilch mit der flüssigen Sahne, dem Puderzucker und dem Himbeerpüree verrühren. Die Gelatine in kaltem Wasser einweichen und bei geringer Hitze auflösen. 2 EL der Himbeermischung in die Gelatine einrühren, diese Mischung unter den Rest der Himbeermasse mischen. Die geschlagene Sahne unter die Mousse heben und kalt stellen. Das Mousse in die Tropfenform füllen.

Himbeergelee

1 Blatt **Gelatine**
10 g **Puderzucker**
70 g **Himbeerpüree**
Limonensaft

Die Gelatine in kaltem Wasser einweichen. Den Zucker mit dem Himbeerpüree verrühren und mit Limonensaft abschmecken. Das Püree leicht erwärmen und die Gelatine darin auflösen.

Erdbeermousse

40 ml **Buttermilch**
65 ml **flüssige Sahne**
25 g **Puderzucker**

Die Buttermilch mit der flüssigen Sahne, dem Puderzucker und dem Erdbeerpüree verrühren. Die Gelatine in kaltem Wasser einweichen und bei geringer Hitze auflösen. 2 EL der Erdbeer-

25 g **Erdbeerpüree**
1 Blatt **Gelatine**
60 g **geschlagene Sahne**

mischung in die Gelatine einrühren, diese Mischung unter den Rest der Erdbeermasse mischen. Die geschlagene Sahne unter die Mousse heben und kalt stellen.

Erdbeeren

10 **schön gewachsene Erdbeeren**
einige Blätter **Minze**
Schokoladenraspel

Die Erdbeeren waschen, den Stielansatz abschneiden und die Erdbeeren vorsichtig aushöhlen. Die Erdbeermousse mit einem Spritzbeutel einfüllen, mit Minze und Schokoraspeln garnieren.

Mangomousse

40 ml **Buttermilch**
65 ml **flüssige Sahne**
25 g **Puderzucker**
25 g **Mangopüree**
1 Blatt **Gelatine**
60 g **geschlagene Sahne**

Die Buttermilch mit der flüssigen Sahne, dem Puderzucker und dem Mangopüree verrühren. Die Gelatine in kaltem Wasser einweichen und bei geringer Hitze auflösen. 2 EL der Mangomischung in die Gelatine einrühren, diese Mischung unter den Rest der Mangomasse mischen. Die geschlagene Sahne unter die Mousse heben und kalt stellen.

Zwergorangen

10 **Zwergorangen (unbehandelt)**
250 g **Zucker**
200 ml **Wasser**
40 ml **Weißwein**
50 g **Glukose**
Sternanis, Nelke, Zimt, Vanille
Weckgläser

Die Zwergorangen gründlich waschen und dreimal in frischem Wasser blanchieren. Die Stielansätze abschneiden und die Orangen vorsichtig aushöhlen. Den Zucker in einem Topf karamellisieren, den Karamell mit dem Weißwein ablöschen und mit dem Wasser auffüllen. Die Glukose und die Gewürze zugeben und aufkochen lassen. Die Zwergorangen im Karamell etwa 5 Minuten leise köcheln lassen und mit dem Fond in die Einweckgläser füllen und einwecken. Mindestens 1 Woche ruhen lassen. Dann die Zwergorangen aus dem Fond nehmen, trocken tupfen und mit der Mangomousse füllen.

Anrichten

Die gefüllte, ausgarnierte Erdbeere, das Himbeertörtchen und die gefüllte Zwergorange auf Tellern anrichten.

GARIGETTE-ERDBEEREN
WALDMEISTER, TÖRTCHEN, MILCHREISEIS

Für 4 Personen

Waldmeistermousse

195 g **Naturjoghurt**
195 g **Crème fraîche**
1 Bund **Waldmeister**
3 ½ Blatt **Gelatine**
1 ½ **Limonen**
75 g **Puderzucker**
3 **Eiweiß**
30 g **Zucker**
190 ml **Sahne**

Den Joghurt, die Crème fraîche und den Waldmeister zusammen aufkochen und 20 Minuten ziehen lassen. Die Gelatine in kaltem Wasser einweichen. Den Saft der Limonen und den Puderzucker zusammen aufkochen, die Gelatine darin auflösen. Mit dem Joghurt vermengen und kalt stellen. (Die Masse darf nicht fest werden, sondern nur abkühlen.) Inzwischen das Eiweiß mit dem Zucker zu steifem Schnee schlagen. Die Sahne ebenfalls steif schlagen und zusammen mit dem Eischnee unter die Joghurtmasse heben. Die Mousse erneut kühl stellen.

Biskuit

7 **Eigelb**
85 g **Zucker**
40 g **Speisestärke**
35 g **Mehl (Type 405)**
3 **Eiweiß**

Die Eigelbe mit dem Zucker schaumig rühren. Das Mehl mit der Speisestärke vermischen und durchsieben. Die Eiweiße zu steifem Schnee schlagen und den Eischnee unter die Eigelbe heben. Das Mehl-Stärke-Gemisch unter die Eimasse heben. Diesen Teig fingerdick auf ein Backpapier streichen und im auf 180 °C vorgeheizten Backofen etwa 5 bis 7 Minuten hellbraun backen. Eine Kastenform mit dem Biskuit auslegen.

Milchreiseis

250 ml **Milch**
35 g **Milchreis**
50 g **Glykose (cremeartige Stärke)**
1/2 **Vanilleschote**
1 **Zitrone**
350 ml **Sahne**
6 **Eigelb**
140 g **Zucker**

Den Milchreis mit der Milch, der Glykose, dem Abrieb der Zitrone und der Vanilleschote aufkochen. Den Milchreis so lange ziehen lassen, bis er weich ist, dann mit der Sahne auffüllen. Die Eigelbe mit dem Zucker im warmen Wasserbad aufschlagen und mit dem Milchreis bis zur Rose abziehen. Die Creme abkühlen lassen und gefrieren.

061

Erdbeergelee

5 **Blatt Gelatine**
250 g **Erdbeeren**
50 ml **Grenadinesirup**
500 ml **Wasser**
2 EL **Zucker**
½ **Zitrone**

Die Gelatine in kaltem Wasser einweichen. Die Erdbeeren waschen, putzen und zusammen mit dem Grenadinesirup, dem Wasser, dem Zucker und dem Saft der Zitrone aufkochen. Die Flüssigkeit durch ein Sieb passieren, dann die Gelatine einrühren und kühl stellen.

Anrichten

Die Waldmeistermousse auf dem Biskuit verteilen, mit Erdbeerscheiben belegen und mit Erdbeergelee abschließen. Das Milchreiseis dazu reichen.

Weinempfehlung

Duval Leroy Rosé
Premier Cru
Champagne

062

KAFFEE & VALRHONA
TÖRTCHEN, CASSISFEIGE, BANYULSEIS

Für 4 Personen

Dunkle Kaffeemousse

200 g **Valrhona Guanaja 70 % (sehr feine dunkle Kuvertüre)**
50 g **Vollmilchkuvertüre**
1 **Vollei**
1 **Eigelb**
20 ml **Kaffeelikör**
2 EL **Instantkaffee**
650 g **geschlagene Sahne**

Die beiden Kuvertüren in eine Schüssel geben und im warmen Wasserbad schmelzen. Das Vollei, das Eigelb, den Kaffeelikör und den Instantkaffee in einem zweiten warmen Wasserbad aufschlagen, dann die geschmolzene Kuvertüre einrühren. ⅔ der geschlagenen Sahne in die Kaffeemasse rühren, danach ⅓ vorsichtig unterheben. Die Kaffemousse kühl stellen.

Weiße Kaffeemousse

250 g **weiße Kuvertüre**
2 Blatt **Gelatine**
1 **Vollei**
1 **Eigelb**
20 ml **Crème de Cacao**
625 ml **geschlagene Sahne**

Die Kuvertüre im warmen Wasserbad schmelzen. Die Gelatine in kaltem Wasser einweichen. Vollei, Eigelb und Crème de Cacao in einem zweiten warmen Wasserbad aufschlagen, dann die Gelatine einrühren. Die weiße Kuvertüre einrühren. ⅔ der geschlagenen Sahne in die Masse einrühren, ⅓ vorsichtig unterheben. Die Mousse kühl stellen.

Schokoladengitter

180 g **Kuvertüre**

Die Kuvertüre temperieren, in kleine Tüten füllen und gitterförmig auf die Alufolie spritzen. Die Folie mit dem Gitter nach innen einrollen und erkalten lassen. Die Rolle in 4 Ringe schneiden. Die beiden Mousses in 2 Schichten in die 4 Ringe füllen. Die weiße Mousse sollte oben sein.

Cassisfeige

10 frische Feigen
150 g Zucker
400 ml roter Portwein
1 Orange
1 Zimtstange
1 Vanilleschote
500 g Cassismark
100 g Cassislikör
2 TL Butter

Die Feigen waschen und putzen. Den Zucker in einem Topf karamellisieren. Den Karamell mit dem Portwein ablöschen. Den Orangenabrieb, die Zimtstange und die Vanilleschote zugeben, alles auf die Hälfte einkochen lassen. Das Cassismark und den Cassislikör zugeben und aufkochen. Die Feigen in den Karamell geben. Kurz aufkochen und die Butter zugeben. Die Feigen mindestens 2 Tage darin marinieren.

Banyulseis

1300 ml Banyuls (französicher Süßwein), geteilt in 700 und 600 ml
250 g Zucker
6 Eigelbe
300 g kalte Butter

700 ml Banyuls auf 300 ml einkochen lassen, dann mit den restlichen 600 ml Banyuls auffüllen. Den Zucker mit den Eigelben im warmen Wasserbad aufschlagen, den heißen Banyuls langsam einrühren und im Wasserbad bis zur Rose abziehen. Die Masse in einen Mixer füllen, die kalte Butter untermixen und abkühlen lassen, dann in der Eismaschine gefrieren.

Anrichten

Die Mousse-Törtchen stürzen und die Alufolie abziehen. Die Törtchen mit den Cassisfeigen und dem Banyulseis auf Tellern anrichten.

Weinempfehlung

2003 X-Periment
H. J. Rebholz
Pfalz

063

MELONE
ZITRONENGRASEIS, FICHTENNADELSORBET, WALDMEISTERSORBET

Für 4 Personen

Vorbereitung

Alle Melonen in je 4 gleichmäßige Stücke von ca. 3 x 4 cm Kantenlänge und 1 cm Höhe schneiden.

Wassermelone

½ **Wassermelone (kernlos)**
50 ml **Wasser**
30 g **Zucker**
1 Stück **Zitronengras**

Die Wassermelonenabschnitte pürieren. Mit Zucker, Wasser und dem klein geschnittenen Zitronengras kurz aufkochen, dann noch etwas ziehen lassen. Durch ein Sieb passieren und die Marinade über die Wassermelonenstücke geben. Die Wassermelonenwürfel einen Tag marinieren.

Galia-Melone

1 **Galia-Melone**
30 g **Zucker**
1 **Zitrone**
20 ml **Minzlikör**

Die Galia-Melonenabschnitte pürieren, mit den restlichen Zutaten kurz aufkochen, durch ein Sieb passieren und über die Galia-Melonenstücke geben. Die Galia-Melonenwürfel einen Tag marinieren.

Charentais-Melone

1 **Charentais-Melone**
60 ml **Multivitaminsaft**
30 g **Zucker**

Die Charentais-Melonenabschnitte pürieren. Mit den restlichen Zutaten kurz aufkochen, durch ein Sieb passieren und über die Charentais-Melonenstücke geben. Die Charentais-Melonenstücke einen Tag marinieren.

Zitronengraseis

100 ml **Limettensaft**
100 g **Zucker**
½ EL **Glukose**
1 Prise **Muskat**
100 ml **Sahne**
200 ml **Milch**
100 g **Zitronengras**

Alle Zutaten mit Ausnahme des Zitronengrases kurz aufkochen. Das Zitronengras in feine Streifen schneiden und 1 Stunde in dem Sud ziehen lassen. Alles durch ein Sieb passieren, abkühlen lassen und in der Eismaschine gefrieren.

063

Fichtennadelsorbet

375 g **Zucker**
325 ml **Wasser**
45 g **Glukose**
500 g **junge Fichtentriebe (selbst schneiden)**
250 ml **Fichtennadelsirup**
250 g **Joghurt**
1 **Zitrone**

Den Zucker, das Wasser und die Glukose aufkochen. Die Fichtennadeltriebe zugeben und 1 Stunde ziehen lassen. Die Mischung durch ein Sieb passieren. Den Fichtennadelsirup, den Joghurt und den Zitronensaft zugeben und das Sorbet in der Eismaschine gefrieren.

Waldmeistersorbet

5 Bund **Waldmeister**
375 g **Zucker**
325 ml **Wasser**
45 g **Glukose**
250 ml **Champagner**
180 ml **Waldmeistersirup**

Den Waldmeister über Nacht gefrieren lassen. Den gefrorenen Waldmeister mit Zucker, Wasser und Glukose aufkochen, dann alles durch ein Sieb passieren. Den Champagner und den Waldmeistersirup zugeben und in der Eismaschine gefrieren.

Anrichten

Die Eissorten zusammen mit den marinierten Melonenstücken auf Tellern anrichten und mit Zitronengras garnieren.

Weinempfehlung

2005 Brauneberger Juffer
Riesling Kabinett feinherb
Fritz Haag
Mosel-Saar-Ruwer

MISPEL
JOGHURTMOUSSE, KNUSPERBLÄTTER, HIMBEEREN

Für 4 Personen

Mispeln

10 asiatische Mispeln
2 Zitronen
Zucker nach Geschmack
50 ml Grenadinensirup

Die Mispeln häuten, entkernen und vierteln. 4 Mispelviertel pro Person beiseitelegen. Die restlichen Mispeln mit dem Zucker und dem Saft der Zitronen im Mixer pürieren. Für den Fruchtspiegel der Törtchen 4 EL des Pürees beiseitestellen. Das restliche Püree in 2 Hälften teilen und 1 Hälfte mit dem Grenadinesirup rot einfärben. Die Hälfte der Mispelviertel im roten Püree kurz aufkochen, die andere Hälfte im ungefärbten Püree. Jeweils 1 Tag marinieren. Dann getrennt voneinander erwärmen.

Knusperblätter

2 Blatt Strudelteig
30 g Butter
30 g Zucker

Ein Blatt Strudelteig mit der flüssigen Butter bestreichen und mit dem Zucker bestreuen. Das andere Blatt Strudelteig darauflegen und ebenfalls mit Butter bestreichen. In Rechtecke schneiden und zwischen 2 Lagen Backpapier beschwert im auf 190 °C vorgeheizten Backofen etwa 6 bis 8 Minuten backen.

Joghurtmousse

130 g Naturjoghurt
130 g Crème fraîche
3 Blatt Gelatine
50 g Puderzucker
1 Limette
2 Eiweiß
20 g Zucker
125 ml Sahne

Den Joghurt mit der Crème fraîche verrühren. Die Gelatine in kaltem Wasser einweichen. Den Puderzucker mit dem Saft der Limette aufkochen und die Gelatine darin auflösen. Das Joghurtgemisch langsam in die Gelatinemischung einrühren. Die Eiweiße mit dem Zucker zu steifem Schnee schlagen. Die Sahne steif schlagen. Zuerst den Eischnee, danach die Sahne unter das Joghurtgemisch heben. Die Mousse im Kühlschrank erkalten lassen.

064

Kakaosorbet

100 g **Zartbitterkuvertüre**
50 g **Vollmilchkuvertüre**
100 ml **Noilly Prat**
50 ml **weißer Portwein**
20 g **Wodka**
200 g **Läuterzucker**
2 EL **Glukose**
500 ml **Wasser**
2 EL **Kakao**
1 **Orange**

Alle Zutaten mit Ausnahme des Kakaos und der Orange unter ständigem Rühren aufkochen lassen. Den Kakao einrühren und etwas Orangenabrieb zugeben. Etwa 45 Minuten ziehen lassen. Das Sorbet durch ein Sieb passieren und in der Eismaschine gefrieren.

Anrichten

10 **Himbeeren**
einige Minzblätter

Die Knusperblätter in der Mitte der Teller anrichten, eine Sorbetnocke danebensetzen und mit den Mispeln, den Himbeeren und der Minze ausgarnieren.

Weinempfehlung

2005 Oestricher Lenchen »303«
Riesling Spätlese
Josef Spreitzer
Rheingau

PATTAYA-MANGO
GESCHMORT, KOKOSEIS, GEBACKEN

Für 4 Personen

Kokoseis

500 ml **Kokosmilch**
20 ml **weißer Bacardi-Rum**
Saft von 2 **Limetten**
150 g **Zucker**
150 ml **Wasser**

Alle Zutaten in einem Topf erwärmen, durch ein Sieb passieren, erkalten lassen und in der Eismaschine gefrieren.

Mango

3 **Pattaya-Mangos**
½ EL **Zucker**
1 **Limette**
Salz, Piment d'Espelette (baskischer Pfeffer)
100 g **Kokosraspel**
4 Blatt **Frühlingsrollenteig**
1 **Ei**
Fett zum Frittieren
2 **ausgeschabte Vanilleschoten**

Die Mangos schälen. Das Fruchtfleisch vom Kern lösen und 4 gleichmäßige Stücke für die geschmorte Mango daraus schneiden. Das restliche Mangofleisch in gleichmäßige feine Würfel schneiden. Die Abschnitte mit dem Zucker und dem Saft der Limette pürieren und mit etwas Salz und Piment d'Espelette abschmecken, bis die Masse eine leichte Schärfe hat. Von dem Püree so viel zu den Mangowürfeln geben, dass ein Kompott entsteht. Etwa 4 EL davon beiseitestellen.
Den Rest des Kompotts mit den Kokosraspeln vermengen, sodass eine feste, trockene Masse entsteht. Die Masse in den Frühlingsrollenteig füllen, die Teigränder mit dem verquirlten Ei bepinseln und zu Röllchen formen. Die Mangoröllchen in der Friteuse hellbraun frittieren.
Die restlichen Mangowürfel mit den halbierten Vanilleschoten durchstechen und in dem restlichen Püree vorsichtig bei mäßiger Hitze schmoren.

065

Anrichten

Die Mango mit dem Kokoseis und den Frühlingsröllchen anrichten und mit Kokosraspeln garnieren.

Weinempfehlung

2001 Piesporter Goldtröpfchen
Riesling Spätlese
Reinhold Haart
Mosel-Saar-Ruwer

PFIRSICH & THYMIAN
POCHIERT, KARAMELL, MASCARPONEEIS

Für 4 Personen

Pfirsiche

2 **Weinberg-Pfirsiche**
80 g **Zucker**
100 ml **weißer Portwein**
300 ml **Pfirsichpüree**
1 **Zitrone**
2 **Thymianzweige**

Die Pfirsiche enthäuten, halbieren und entkernen.
Den Zucker in einem Topf karamellisieren. Den Karamell mit dem Portwein ablöschen, den Saft der Zitrone und das Pfirsichpüree zugeben und aufkochen lassen. Die Pfirsichhälften und den Thymianzweig einlegen und nochmals kurz aufkochen. Die Pfirsiche etwa 1 Tag im Karamell marinieren.

Karamellhippen

60 g **Butter**
30 g **Honig**
20 ml **Wasser**
75 g **Puderzucker**
35 g **Mehl**

Die Butter zusammen mit dem Honig schmelzen. Das Wasser mit dem gesiebten Puderzucker und dem Mehl einarbeiten. Den Teig mithilfe von Schablonen kreisförmig auf eine Backmatte streichen. Im auf 175 °C vorgeheizten Backofen ca. 6 bis 8 Minuten schön braun backen. Erkalten lassen und von der Backmatte abheben.

Mascarponeeis

125 ml **Sahne**
125 ml **Milch**
25 g **Glukose**
2 **Eigelb**
1 **Vollei**
80 g **Zucker**
125 g **Mascarpone**

Die Milch, die Sahne und die Glukose zusammen aufkochen. Die Eigelbe, das Vollei und den Zucker kalt schaumig schlagen. Das Milch-Sahne-Gemisch langsam in die Eimasse einrühren und zusammen auf der Herdplatte bis zur Rose abziehen. Den Mascarpone einrühren, durch ein Sieb passieren, erkalten lassen und in der Eismaschine gefrieren.

Anrichten

Das Eis mit den marinierten Pfirsichen und den Karamellhippen auf Tellern anrichten.

Weinempfehlung

1995 Femme Brut
Duval Leroy
Champagne

RHABARBER
MOUSSE, SCHOKOLADENSCHAUM, TONKABOHNENEIS

Für 4 Personen

Rhabarbermousse

250 g **Rhabarber**
160 g **Zucker**
1 **Zitrone**
300 ml **Wasser**
3 Blatt **Gelatine**
3 **Eigelb**
100 g **Puderzucker**
4 **Rhabarberstangen**
120 ml **Himbeerpüree**

Den Rhabarber waschen, schälen und klein schneiden. Den Zucker in einem Topf ohne Fett karamellisieren lassen. Den Karamell mit Wasser und Zitronensaft ablöschen, den Rhabarber zugeben und weich kochen lassen. Den Rhabarber pürieren und durch ein Sieb geben. Die Gelatine in kaltem Wasser einweichen und vorsichtig unter das Püree ziehen. Die Eigelbe mit dem Puderzucker warm aufschlagen, das Püree einrühren und zum Abkühlen in Förmchen geben.
Die Rhabarberstangen waschen und mit der Aufschnittmaschine dünn aufschneiden. Die Scheiben in dem Himbeermark kurz aufkochen lassen und sofort kalt stellen.
Das Mousse aus den Förmchen nehmen und mit den Rhabarberscheiben einkleiden.

Tonkabohneneis

125 ml **Sahne**
125 ml **Milch**
25 g **Glukose**
1 **Tonkabohne**
2 **Eigelb**
1 **Vollei**
80 g **Zucker**
125 g **Mascarpone**

Die Sahne, die Milch und die Glukose aufkochen, etwas Tonkabohne hineinreiben. (Je nach Geschmack, man braucht nur sehr wenig.) Die Eigelbe, das Vollei und den Zucker kalt schaumig schlagen. Das Milch-Sahne-Gemisch langsam in die Eimasse einrühren und zusammen auf der Herdplatte bis zur Rose abziehen. Den Mascarpone einrühren, durch ein Sieb passieren, erkalten lassen und in der Eismaschine gefrieren.

Schokoladenschaum

100 ml **Milch**
1 EL **Kakaopulver**
25 g **Kuvertüre (70 % Kakaogehalt)**
20 g **Zucker**
1 TL **weißer Rum**

Alle Zutaten kurz aufkochen und dann mit dem Pürierstab aufschäumen.

Anrichten

Die Törtchen auf den Schokoladenschaum setzen und das Eis auf dem Törtchen anrichten.

Weinempfehlung

Duval Leroy Blanc
Premier Cru
Champagne

TOPFENSOUFFLÉ
TAMARILLO-PASSIONSFRUCHT-EIS, ANANASCARPACCIO

Für 4 Personen

Tamarillo-Passionsfrucht-Sorbet

5 **Tamarillos**
100 ml **Wasser**
200 ml **Passionsfruchtsaft**
100 g **Zucker**
50 g **Glukose**

Die Tamarillos schälen und klein schneiden. Das Wasser, den Passionsfruchtsaft, den Zucker und die Glukose aufkochen. Die Tamarillos in den Sud geben und alles pürieren. Das Püree passieren, erkalten lassen und in der Eismaschine gefrieren.

Tamarillos

2 **Tamarillos**
80 ml **Rotwein**
40 g **Zucker**

Die ungeschälten Tamarillos vierteln. Den Rotwein mit dem Zucker mischen, die Tamarillos einlegen und aufkochen, ziehen lassen.

Topfensoufflé

250 g **Magerquark, abgetropft**
50 g **Eigelb**
15 g **Puderzucker**
15 g **Speisestärke**
15 g **Cremepuddingpulver**
125 g **Sauerrahm**
50 ml **Milch**
Zitronenabrieb
Mark von 1/4 Vanilleschote
80 g **Eiweiß**
30 g **Zucker**

Alle Zutaten mit Ausnahme von Eiweiß und Zucker verrühren und mindestens 2 Stunden ruhen lassen. Die Eiweiße und den Zucker cremig aufschlagen und unter die Quarkmasse heben. Souffléförmchen ausbuttern, zuckern und zu ¾ mit der Masse füllen. Die Förmchen in ein vorgewärmtes Wasserbad setzen und ca. 25 Minuten in den auf 180 bis 200 °C vorgeheizten Backofen geben.

Ananas

30 g Zucker
200 ml Ananassaft
1 Ananas
1 Vanilleschote
Sternanis

Den Zucker in einem Topf karamellisieren, dann mit dem Ananassaft ablöschen. Die Vanilleschote und den Sternanis zugeben, aufkochen und 1 Stunde ziehen lassen. Den Fond passieren. Die Ananas schälen und in sehr dünne Scheiben schneiden. Den Strunk entfernen. Die Ananasscheiben mindestens 1 Tag in dem Fond marinieren.

Anrichten

Das Topfensoufflé sofort auf dem Ananascarpaccio anrichten und mit dem Sorbet und den Rotwein-Tamarillos servieren.

Weinempfehlung

2004 Kiedrich Gräfenberg
Riesling Auslese
Robert Weil
Rheingau

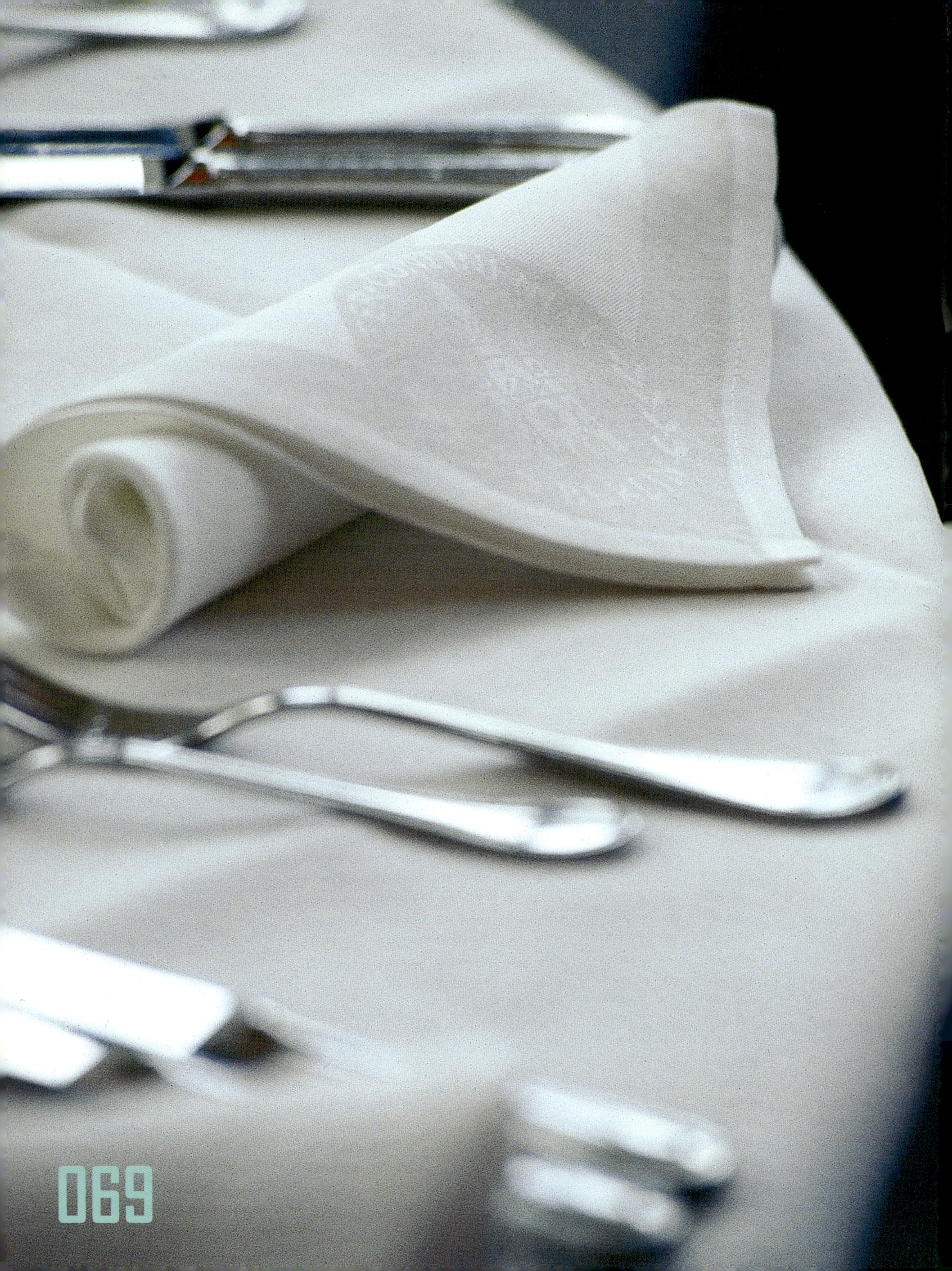

VALRHONA & OLIVE

Für 4 Personen

Mousse

225 g **weiße Valrhona (sehr feine Kuvertüre)**
155 ml **Orangen-Olivenöl (erhältlich z. B. bei Bos Food)**
3 Blatt **Gelatine**
4 **Eigelb**
4 **Eiweiß**
160 g **Zucker**
250 ml **Sahne**

Die Kuvertüre mit dem Olivenöl im warmen Wasserbad schmelzen. Die Gelatine in kaltem Wasser einweichen. 80 g des Zuckers mit den Eigelben im warmen Wasserbad aufschlagen. Die Gelatine einrühren und das Valrhona-Olivenöl-Gemisch langsam zugeben. Das Eiweiß mit 80 g Zucker zu steifem Schnee schlagen und unterheben. Die Sahne steif schlagen und ebenfalls unterheben. Die Mousse kühl stellen.

Schokoladenkuchen

75 g **dunkle Valrhona (sehr feine Kuvertüre)**
25 ml **Limetten-Olivenöl (erhältlich z. B. bei Bos Food)**
50 g **Butter**
1 **Vollei**
1 **Eigelb**
20 g **Zucker**
20 g **Mehl**

Die Kuvertüre mit dem Olivenöl und der Butter im warmen Wasserbad schmelzen lassen. Das Vollei und das Eigelb mit dem Zucker im warmen Wasserbad aufschlagen. Das Kuvertüre-Butter-Öl-Gemisch langsam einrühren, das Mehl sieben und vorsichtig unterheben. Im auf 180 bis 200 °C vorgeheizten Backofen ca. 6 Minuten backen. Den fertigen Kuchen gleich stürzen.

Oliveneis

50 g **Zucker**
100 ml **Wasser**
50 g **schwarze Nizza-Oliven**
500 ml **Milch**
50 ml **Sahne**
25 g **Milchpulver**
40 g **Glukose**
30 g **Butter**
4 **Eigelb**
120 g **Zucker**
4 g **Kaltbinder (modifizierte Stärke)**

Den Zucker mit dem Wasser zusammen aufkochen und die Oliven darin ca. 30 Minuten köcheln lassen. Die Oliven einen Tag in dem Sud marinieren.
Die Milch, die Sahne, das Milchpulver, die Butter und die Glukose aufkochen. Die Eigelbe, den Zucker und den Kaltbinder im warmen Wasserbad aufschlagen. Das Milchgemisch zugeben und bis zur Rose abziehen. Die Creme abkühlen lassen und in der Eismaschine gefrieren.
Die marinierten Oliven fein hacken und mit dem Olivenöl kurz vor Ende der Gefrierzeit in das Eis geben.

Anrichten

Den Kuchen, das Mousse und das Eis dekorativ auf Tellern anrichten.

Weinempfehlung

2002 Domaine la Tour Vieille
Blanc Doux
Banyuls

VALRHONA-PETIT-FOURS
JOGHURT, GÂTEAU, GANACHE

Für 10 Personen

Joghurtcreme

25 g **Puderzucker**
75 g **Crème fraîche**
75 g **stichfester Naturjoghurt**
1 **Limone**
2 ½ Blatt **Gelatine**
100 ml **leicht angeschlagene Sahne**

Den Puderzucker fein sieben, mit der Crème fraîche und dem Joghurt verrühren und mit dem Saft der Limone abschmecken. Die Gelatine in kaltem Wasser einweichen, leicht erwärmen, 2 EL der Joghurtmasse einrühren und vorsichtig unter die restliche Joghurtmasse geben. Die angeschlagene Sahne unterheben, in Halbkugelformen füllen und mindestens 3 Stunden kalt stellen.

Biskuit

5 **Eigelb**
35 g **Zucker**
35 g **Mehl, Type 405**
35 g **Speisestärke**
4 **Eiweiß**
35 g **Zucker**
Salz

Die Eigelbe mit dem Zucker schaumig schlagen. Das Mehl und die Speisestärke vermischen, sieben und unter die Eigelbmasse heben. Das Eiweiß mit einer kleinen Prise Salz zu steifem Schnee schlagen, dabei den Zucker nach und nach einrieseln lassen. Den Eischnee unter die Eigelbmasse ziehen.
Die Biskuitmasse ca. 0,5 cm dick auf ein mit Backpapier belegtes Backblech streichen und im auf 200 bis 220 °C vorgeheizten Backofen etwa 5 bis 6 Minuten backen. Den Biskuit auskühlen lassen, Kreise ausstechen und die Joghurt-Halbkugeln damit bedecken.

Schokoladenüberzug

60 ml **Milch**
60 ml **Sahne**
100 g **Valrhona-Kuvertüre (70 %)**
100 g **dunkler Nugat**
50 g **weiße Kuvertüre**

Die Milch mit der Sahne aufkochen. Die klein gehackte dunkle Kuvertüre und den Nugat darin auflösen und so lange rühren, bis eine homogene Masse entsteht. Die Creme etwas abkühlen lassen und die Joghurt-Halbkugeln damit überziehen. Die weiße Kuvertüre temperieren, in eine Spritztüte füllen und die Kugeln fächerartig damit ausgarnieren.

Gâteau

100 g **Butter**
100 g **Valrhona-Kuvertüre (70 %)**
125 g **brauner Zucker**
1 **Eigelb**
2 **Eier**
20 g **Mehl**
20 g **Mandelgrieß**
Vanillemark, Salz

Die Kuvertüre und die Butter im warmen Wasserbad schmelzen. Den Zucker, die Eigelbe und die Eier mit der Vanille und einer Prise Salz sehr schaumig rühren. Die temperierte Butter-Kuvertüre-Mischung einrühren. Das Mehl und den Mandelgrieß unterheben, die Masse auf ein mit Backpapier belegtes Blech streichen und im auf 180 °C vorgeheizten Backofen ca. 20 Minuten backen. Den Teig auskühlen lassen und rund ausstechen und mit der Ganache garnieren.

Strukturbiskuit

50 g **Butter**
50 g **Puderzucker**
50 g **Eiweiß**
50 g **Mehl, Type 405**
etwas stark entöltes Valrhona-Kakaopulver

Die Butter und den Zucker sehr schaumig rühren. Das Eiweiß langsam unterarbeiten, bis eine homogene Masse entsteht. Das Mehl sieben und unterheben, bis die Masse schön glatt ist. 1/4 der Masse mit dem Kakaopulver einfärben. Ein Backblech mit Backpapier belegen und den Kakaobiskuit mit einem Pinsel dünn aufstreichen. Das Blech in das Gefrierfach geben und gefrieren. Die helle Biskuitmasse gleichmäßig darüberstreichen. Im auf 170 °C vorgeheizten Backofen 6 bis 7 Minuten backen.

Ganache-Creme

100 ml **Sahne**
6 g **Glukose**
65 g **Valrhona-Kuvertüre (70 %)**
15 g **weiche Butter**
5 g **Instantkaffee**

Die Sahne mit der Glukose aufkochen. Die Kuvertüre darin auflösen und so lange rühren, bis eine homogene Masse entsteht. Die Creme etwas abkühlen lassen und die weiche Butter einrühren. Die Masse halbieren und in eine Hälfte den Instantkaffee einrühren. Kleine Ringe von ca. 3 cm Durchmesser mit dem Strukturbiskuit auskleiden. Die Ganache schichtweise einfüllen. Mindestens 3 Stunden kalt stellen.

Anrichten

Die Ganache-Petit-Fours mit den Joghurt-Petit-Fours auf Tellern anrichten.

070

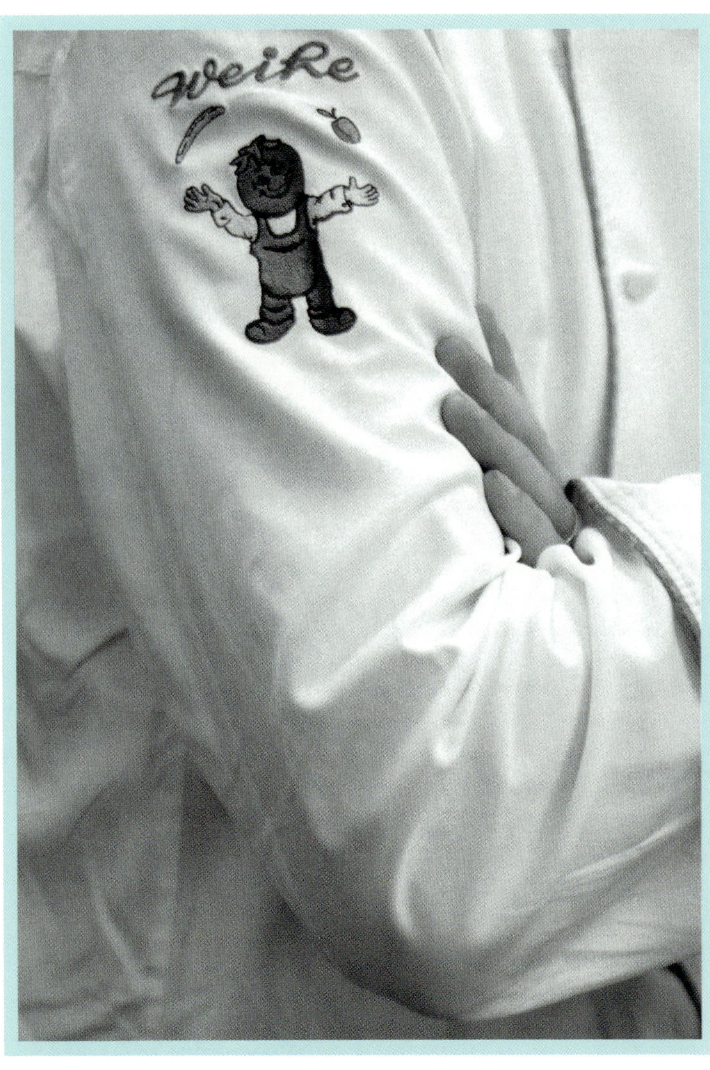
Weike

DEPUIS 1859
CHAMPAGNE
DUVAL-LEROY

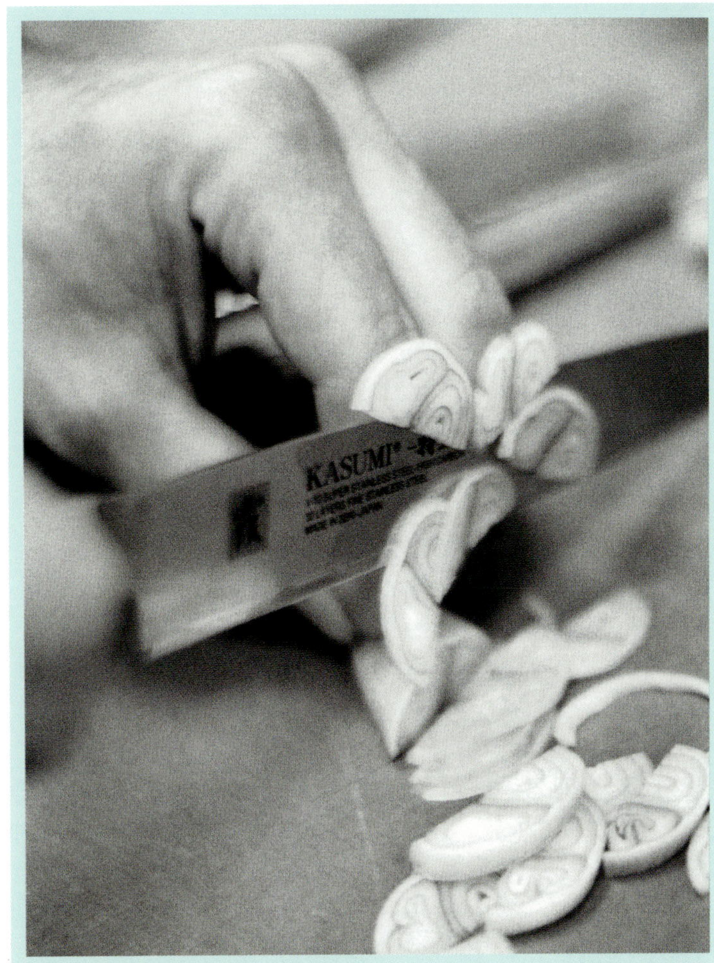
KASUMI

PEPE

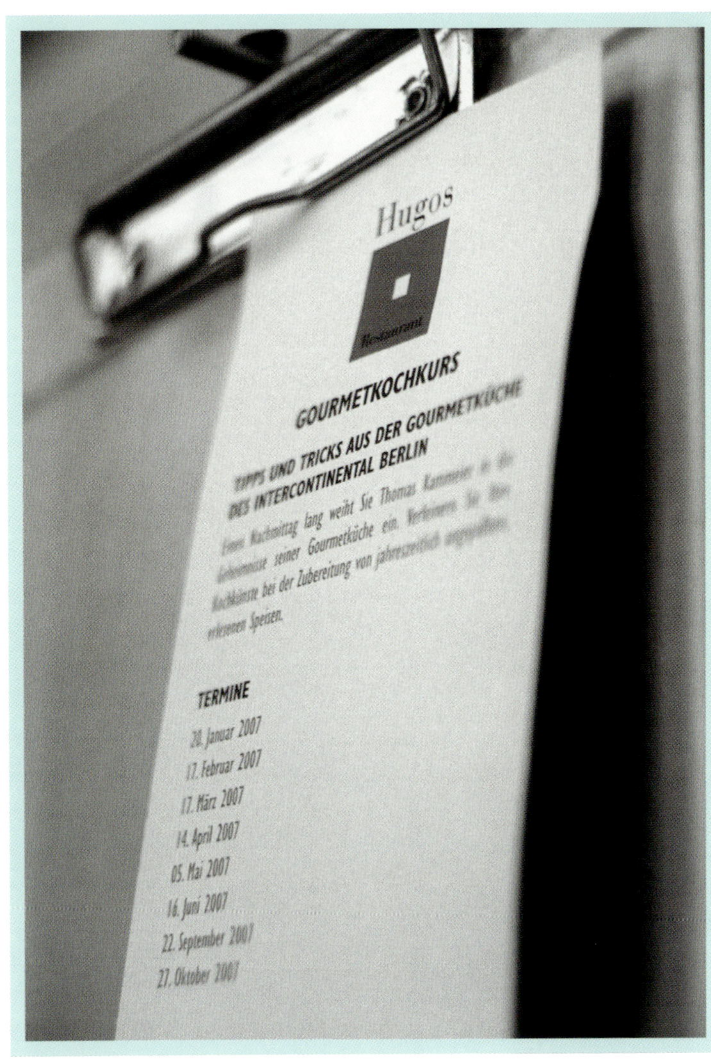
Hugos
Restaurant
GOURMETKOCHKURS
TIPPS UND TRICKS AUS DER GOURMETKÜCHE
DES INTERCONTINENTAL BERLIN
Einen Nachmittag lang weiht Sie Thomas Kammeier in die Geheimnisse seiner Gourmetküche ein. Verfeinern Sie Ihre Kochkünste bei der Zubereitung von jahreszeitlich ausgewählten, erlesenen Speisen.
TERMINE
20. Januar 2007
17. Februar 2007
17. März 2007
14. April 2007
05. Mai 2007
16. Juni 2007
22. September 2007
27. Oktober 2007

GLOSSAR

Acquerello-Reis

Carnaroli-Reis aus dem Piemont – der Reis wird nach der Ernte ein Jahr lang gelagert, sodass sich die wertvollen Inhaltsstoffe (Vitamine, Proteine und Mineralstoffe) von der Schale in das Innere des Reiskorns zurückziehen können. Dadurch sind diese Bestandteile nicht mehr so stark wasserlöslich und bleiben bei der Zubereitung des Reises erhalten. Acquerello-Reis ist in Feinkostläden und im Fachhandel erhältlich (z. B. bei Bos Food).

Arganöl

Der Arganbaum ist im südwestlichen Marokko heimisch. Um das Öl zu gewinnen, werden die dattelähnlichen Früchte des Baums gesammelt und getrocknet, um an die Kerne zu gelangen. Die Kerne werden geröstet, gemahlen und mit Wasser zu einem Brei vermischt, von dem sich schließlich das Öl absetzt. Arganöl ist von rötlicher Farbe und besticht durch seinen feinen, walnussigen Geschmack. Das Öl ist reich an ätherischen Ölen und wegen seines hohen Gehalts an ungesättigten Fettsäuren (80 Prozent) sehr gesund. Arganöl ist in Feinkostläden und im Fachhandel erhältlich (zum Beispiel bei Bos Food).

Banyuls

Die französische Stadt Banyuls-sur-Mer liegt am Mittelmeer, dort, wo die Pyrenäen auf die Küste treffen. Von hier stammt der Süßwein Banyuls – nur vier Gemeinden der Weinbauregion Languedoc-Roussillon dürfen ihn herstellen.

Bergpfeffer

Auch Zitronenpfeffer und Japanischer Szechuanpfeffer genannt, ist ein niedriger Zitrusfruchtbaum. Von ihm stammt der japanische Bergpfeffer, der ein sehr frisches, an Limetten erinnerndes Aroma und eine gut ausgebildete Schärfe hat. Zitronenpfeffer unterstützt den Geschmack asiatischer Gerichte. Bergpfeffer ist mit Chili, Zitrusschalen, Sesam- und Mohnsamen und Seetang Bestandteil des Gewürzes »Shichimi Toogarashi«.

Bigorre-Schwein (Noir de Bigorre), Schwarzfußschwein: Schweinerasse aus den französischen Pyrenäen und dem Baskenland, die für ihr aromatisches, nussiges Fleisch bekannt ist. Die Tiere werden artgerecht im Freien gehalten und nicht gemästet – sie suchen sich ihr Futter (meist Eicheln) selbst.

Borlotti-Bohnen Eine weichkochende italienische Bohne mit bittersüßem Aroma. Sie wird meist für Minestrone und Eintöpfe verwendet.

Daikonkresse Die Sprossen des japanischen Daikonrettichs werden für Suppen, Salate und Saucen verwendet. Ihr Geschmack erinnert an Meerrettich und Kresse.

emulgieren Zwei ineinander nicht lösliche Flüssigkeiten durch Rühren vermischen, wobei sich die eine in Tröpfchenform in der anderen hält.

Fichtennadelsirup Frische Fichtensprossen in Läuterzucker (reiner farbloser Zuckersirup) ziehen lassen, dann reduzieren, bis der Sirup honigartige Konsistenz hat.

Glykose ist eine zähe, aus Stärke gewonnene Creme, die in der Patisserie und Konditorei verwendet wird. Sie verhindert, dass Zucker beim Kochen kristallisiert. Glykose ist in Feinkostläden erhältlich (zum Beispiel bei Bos Food oder Frischeparadies).

Gremulata ist eine italienische Würzmischung aus Knoblauch, Petersilie, Olivenöl und geriebener Zitronen- oder Orangenschale.

Julienne In feinste Streifen geschnittenes Gemüse.

Kaltbinder Modifizierte Stärke zum Binden kalter Speisen, erhältlich zum Beispiel bei Bos Food.

Ketjab Manis ist eine süße indonesische Sojasauce. Sie ist im Asialaden erhältlich.

konfieren Fleisch, ohne zu kochen, in Fett gar ziehen lassen. Eine schonende Schmormethode.

Laospfeffer Ein wild wachsender Strauch aus dem laotischen Dschungel, der Pfeffer ist bei Marc Brownstein (Hongkong) erhältlich.

Lardo di Colonnata

Feiner toskanischer Schweinerückenspeck, der mindestens sechs Monate in Marmorbehältern mit Meersalz, Kräutern und Gewürzen reift. Erhältlich im Feinkosthandel, zum Beispiel bei Bos Food.

Mie de Pain

Feines entrindetes Weiß- oder Toastbrot, das fein gerieben wird. Schnell und einfach selbst herzustellen.

Mispel

Die japanische Mispel oder Wollmispel ist ein immergrüner Baum, der in Asien beheimatet ist. Seine orangefarbenen Früchte sind bei uns als Nisperos erhältlich. Die Früchte werden bis ca. 5 Zentimeter groß, enthalten zwei bis zehn Kerne und schmecken süßsauer.

Nizza-Oliven

Im bergigen Hinterland von Nizza wächst eine kleine Olivensorte, die Cailletier-Olive. Sie zählt zu den edelsten und wohlschmeckendsten Oliven des Mittelmeerraums. Erhältlich zum Beispiel bei Bos Food.

Nudelgrieß

Hartweizengrieß für die Herstellung von Nudeln und Pasta. Als Hartweizendunst bei De Checco und Bos Food erhältlich.

Piment d'Espelette

Aus dem französischen Baskenland, rund um das Örtchen Espelette stammt dieses Gewürz. Milde Chilischoten werden getrocknet und mitsamt der Kerne zu einem pikantem Chilipulver gemahlen. Erhältlich zum Beispiel bei KaDeWe, Bos Food und Frischeparadies.

Raz el Hanout

ist eine Würzmischung aus Nordafrika, vor allem Marokko und Tunesien. Es wird – je nach Region – aus sechs bis dreißig Gewürzen gemischt, vor allem aus schwarzem Pfeffer, Kubebenpfeffer, Koriander und Mönchspfeffer. Sein süßlicher Geschmack macht es zum idealen Gewürz für Lamm- und Couscousgerichte. Raz el Hanout ist in orientalischen Feinkost- und Lebensmittelläden erhältlich.

Rodelika-Karotten

Eine Möhrensorte mit kräftigem, süßem Geschmack, bisher nur im Bioladen und bei Weihe/Beuselmarkt erhältlich.

Sauternes

Aus dem zum Anbaugebiet Bordeaux gehörenden französischen Ort Sauternes stammt der edelsüße Weißwein gleichen Namens.

Spinatmatte

Auch Spinatfarbe oder Spinatgrün dient dem Färben von Pastateig und Saucen. Roher Spinat wird im Mörser zerkleinert, der so entstehende Saft wird über Wasserdampf zum Gerinnen gebracht, die dabei wieder entstehende Flüssigkeit wird wieder abgegossen. Zurück bleibt die Spinatmatte.

Tamarillo

Die Tamarillo ist die eiförmige Frucht des südamerikanischen Tamarillobaums. Diese Beerenfrüchte sind von orangener bis dunkelroter Farbe, daher heißen sie auch Baumtomaten. Die bittere Schale ist nicht genießbar, das Fruchtfleisch hat einen bittersüßen Geschmack – je reifer und weicher die Frucht, desto süßer wird sie. Die Kerne der Tamarillo sind essbar. Beim gut sortierten Gemüsehändler erhältlich.

Vogelmiere

Kraut aus der Familie der Nelkengewächse von nussigem Geschmack. Die Vogelmiere kann man wild wachsend im Freien finden.

zur Rose abziehen

Eine Creme oder Sauce unter ständigem Rühren bei geringer Hitze mit Eigelb binden. Hinterlässt ein in die Mischung getauchter Schneebesen eine »Rose«, dann ist die Creme »bis zur Rose abgezogen«.

Hg's

DANK

Viele Köche verderben den Brei, sagt man. Das mag vielleicht stimmen. Aber ohne die Zutaten meiner vielen Unterstützer wäre mein zweites Kochbuch nie zu diesem prächtigen Band geworden.

Frau Heyne und Herrn Welte von der Collection Rolf Heyne danke ich für Ihr Vertrauen in meine Arbeit. Sie haben es verstanden, ein wunderbares Arbeitsklima zu schaffen. Liebe Luzia, liebe Christa: Die ungezwungene und professionelle Atmosphäre während der Aufnahmen findet sich in Euren bestechend schönen Fotos wieder. Ingo danke ich für seinen texterischen Beistand.

Meine Mitstreiter im InterContinental Berlin waren die Basis dafür, dem Gelingen dieses neuen Buchprojekts mit Zuversicht und Freude entgegen zu sehen. Vielen Dank an mein Küchenteam um Eberhard, Sascha und Lorenz, dem Restaurantteam um Olaf Rode und Marco Krentzien, zu guter Letzt dem allzeit bereiten Axel Krumrey.

Meinem Chef Willy Weiland gilt mein Dank für sein unermüdliches Wirken zur Förderung meiner Arbeit, des Hugos und generell der gastronomischen Szene in Berlin.

Meinen Dank an die Partner dieses Buchs – ohne die von ihnen gelieferte Qualität ließe sich unser Anspruch nicht verwirklichen.

Last but not least: Meiner Familie danke ich für Rückhalt, Geborgenheit und Verständnis.

IMPRESSUM

www.collection-rolf-heyne.de

Fotografie	Luzia Ellert
Fotoassistenz	Christa Engstler
Text	Ingo Swoboda
Redaktion der Rezepte	Marianne Glaßer, Röslau
Umschlaggestaltung	Wolfgang Seidl, Seidldesign, Stuttgart
Layoutgestaltung	Wolfgang Seidl, Seidldesign, Stuttgart
Satz	graphitecture book, Rosenheim
Lithografie	Lorenz & Zeller, Inning am Ammersee
Druck und Bindung	Printer Trento, Trento

Printed in Italy

ISBN 978-3-89910-369-4